【文庫クセジュ】

コラボ＝対独協力者の粛清

マルク・ベルジェール著
宇京頼三訳

白水社

Marc Bergère, *L'épuration en France*
(Collection QUE SAIS-JE ? N° 4092)

目次

凡例

一．本文中の［　］は、参考文献の引用書の著者名を指している。

二．本文中の＊および〔　〕は訳注または訳者の補足である。

序

「粛清とは、合法的な形を取った革命的行為であり、定義からして革命派も法律至上主義者をも満足させえない行為である[1]」

一九四五年から、レイモン・アロンは先を正しく見通しており、時が移っても何も事態は変わらなかった。それどころかすでにして、彼の先見の明に満ちた考察は、解放時[*]にフランスで始まった裁判政策の野心的意図と両義性を完璧に捉えていた。過去も現在も、不満の広がりを背景にして、粛清は決して無関心なまま見過ごされはしなかった。二〇〇〇年代の初め、私が粛清に関する学位論文を提出した頃［ベルジェール、二〇〇四年］、この分野の歴史的研究はすでに膨大にあった。フランス社会の上層部の粛清は、政治面でも、経済または文化面でも知られており、いくつかの確固たる全般的な総括を手にすることができたが、それは特にピーター・ノヴィックの研究のおかげであった。

（1）R・アロン「自由の幻滅」、『レ・タン・モデルヌ』、一九四五年十月、『フランス政治　論説集（一九四四―一九七七年）』、ドゥ・ファロワ、二〇一六年所収。

＊　解放とはドイツ占領軍からの解放のことで、厳密には停戦でも、ましてや終戦でもない。パリ解放は一九四四年八月だが、まだ各地で散発的な戦闘、小競り合いが続いており、ドイツの無条件降伏により停戦となったのは一九四五年五月八日。戦争終結の日付を定めた法令は一九四六年五月十日である。

それでもやはり大きなグレーゾーンが残ったままで、一九九二年、歴史家アンリ・ルッソはこれに応えて、雑誌『二十世紀』に「フランスの粛清——終わらざる歴史」（バルビー、トゥヴィエ、パポン）と題した重要論文を発表した。確かに終わりの見えないプロセスの歴史で、そのうえ当時は、「第二の粛清」の開始に大きな影響を受けていた。だがやはりこれは、一九八〇—一九九〇年代の転換期の粛清裁判を示すには不適切な用語で、厳密な意味での「過渡的な」裁判が、人道に反する罪[＊]の無持効性に結びつく「記憶上の mémoriel」裁判に横滑りする危うさがないわけではなかった［ルッソ、二〇〇一年］。しかしながら、ときとして混乱に乗じて、「最初の粛清」の不完全さを正そうとする意志が、この新たな訴訟の当事者たちの自己顕示的な野望となることがあった。そのような文脈において、実際、この決定的な論文は、粛清の社会的・文化的な歴史にとって、深い歴史記述的革新を画する時代の端緒となったのである。

＊　人道に反する罪とは、一九四五年、ポーランド人で、英国に帰化した国際法学者ハーシュ・ラウターパクトがニュルンベルク裁判の際に考案した概念。後出。なお、一九四三年、ジェノサイドを考案したのは同じポーランド人法学者ラファエル・レムキンで、二人ともユダヤ人。ちなみに、génocide は古代ギ

リシア語 genos（人種または民族）とラテン語 occidere（殺す）の合成語。当時、この新語は激しい批判に晒され、英国の裁判官などからは英語に存在しないバーバリズムで、「英語に対する罪」だと揶揄嘲笑されたという。その程度の認識だから、当然ながら、ニュルンベルク裁判の告訴箇条にはなかった。フランス法に入ったのは一九九二年。

フランソワ・ルーケによって、郵政省と教育省を例にした『フランス行政府における粛清』［ルーケ、一九九三年］と題した著作において始められた研究の進展状況をみると、とりわけ特定の社会集団や粛清の特殊形態、さまざまな空間的規模などに関係する研究の増加が顕著だった。粛清を認識することは、長らく当局の狙いや粛清の量的な総括、特に司法上の処罰と超法規的処罰［ボド、一九八六年］に集中し、特にフランス社会の「上部」から認識調査されていたが、次第に「下部」へと広がっていった。たとえば、二〇〇三年、この時期の多くの専門家を集めた著作では、一九四四年十月十四日付のド・ゴール将軍の声明を明白に否定したが、当時将軍は、粛清は「一握りのろくでなしや卑劣漢にしか関係せず、国家がこれを裁き、また将来も裁くであろう」と示唆していた［バリュシュ］。実際には、この本は、題名にこの将軍の演説の字句をそのまま再録して、逆の歴史、すなわち異論の余地なき広がりを有するプロセスの歴史に結びついていた。以後、全ての研究がこの研究に倣って、普通のフランス人男女が経験したような粛清に社会的な広がりがあったことを示したのである［ルーケ、ヴィルジリ］。最初、粛清は占領時代の付属物、単なる政治的事実として理解されたが、後には多様に反響する大きな社会的現象として分析された。一九八〇年代に、ヴィシーの歴史記述のなかで、ヴィシー・フランスの歴史とフランスの歴史、特にヴィシー下におけるフランス人の歴史との間で起こったことの歴史記述に対する横滑り現象にならって、歴史記述が二十年間にフランスにおける粛清の歴史から「粛清における」フランスの歴史へと焦点を移し、粛清の歴史記述を主題化していった。この視座の転換を、ある者たちは第二義的と見なすだろうが、ここでは、これがこのプロセスにその深みと複雑さそのものを戻すために重要であることを確認しておこう。

それ以来、この進行中の転換を利用して、狙いはそこから主要な獲得物を引き出して、このテーマに新たな視線を向けることであった。第二次世界大戦直後の粛清の歴史の空しい網羅性や直接的な物語などを意図せずに〔ヴェルジエ＝シエニョン、二〇一〇年〕、以後はフランス社会がどんな基礎に基づき、どの程度粛清されたのかを把握することが問題となったのである（第一～五章）。それ以上にまた、問題は、フランスの粛清の国際的な比較史によって開かれたパースペクティヴに、対象となるものをつき合わせることであった（第六章と結論）。結局重要なのは、粛清のプロセスとその記憶の長い歴史にアプローチするには、持続期間と通時態に目を向けることであった（第五章と第七章）。フランスで粛清に関係した、実際の対独協力者〔コラボラトゥール、以下コラボ〕、または推定された対独協力者の数の問題を克服すると、ここで特に中心的な問いとなるのは、たとえすぐさま問いへの答えは得られないことがわかったとしても、「どのようにして？」なのである。もちろん「なぜ？」という問いも無視はできないが。この枠内で、粛清を理解する、それも可能な限り理解することは、別の、市民社会的にして歴史的な目標を目指し、人々に、この暗くしばしば苦い過去がどのようなものであったかをよりよく受け入れてもらうために、この過去との対決を促すものである。

私の考えでは、過去を引き受けることとは、我々に遺されたその不確かさと、当時解決されなかったジレンマが、記憶と後世にそのまま残らざるを得なかったという事実とともに生きることを意味する。［…］粛清のジレンマとその解決の歴然たる不完全さは、緊急に道徳的、政治的再構築を要するという考えなど全くない時代錯誤的な文脈でそれを再生産するだけで、五十年経っても修復されていないのである[2]［…］。

（2）H・ルッソ『過去の強迫観念』、テクスチュエル・エ・スイユ、一九九八年、一一七―一一八頁。

第一章　民衆の暴力——公的復讐と民衆の裁きのはざまの暴力

歓喜の場面と解放の強烈なイメージが重なるこの期間に行なわれた暴力行為の問題は、外見以上に複雑で、特に社会と新しい権力との関係においてそうだった。長い抑圧と窮乏の時代の後、占領時代から解放への急激な大変動に結びつくこの暴力は、この一連の流れに暴発的な次元を与えるが、これはそれを正当化することなく、いくつかの個人的、集団的な過激行為を照らし出す。この意味において、この暴力行為は、戦争から戦後への移行を示す主要な標識となり、占領下で被った暴力が、その後「近隣の粛清」の力学で科される暴力へと振り替わり、変貌することを意味していたのである［カプドゥヴィラ］。

I　解放後の暴力をどう考えるか？

解放時の暴力の分析は長らく、「裁判ぬきの」略式処刑、すなわち新しい合法的権力が設立した、民間または軍事上の正規の法廷が行なった裁判以外で行なわれた処刑の領域に限られていた。これがピーター・ノヴィックの名づけた「森の一隅の裁判」だが、彼は、こうした処刑は、積み重なった緊張を手荒く和らげながらも、結局は、時至らば、正規の裁判のより公正な働きを可能にするものと見なしていた。組織体単位を除くと、その総計を明らかにすることは不可能であるとしても、今日一般に歴史家には、多かれ少なかれ九〇〇〇人程度の処刑があったと認められており、その四分の三は合法的な粛清システムの設置以前であった。この重要な数の問題以上に、解放後のフランスの「暴力的」地域と、逆に「平和な」地域を地図で色分けするために用いられた恣意的な方法の問題がある。

確かに、長らく支配的であった暴力の色分け地図では、処刑が多数記録された所では、解放は「血まみれ」であり、逆に処刑がないか、ほとんどなかった場合には、解放が「穏やか」であったと見なされていた。ところで、あらゆる研究は一致して、処刑地図がまず、武装レジスタンス〔対独抵抗運動・組織〕と、占領者に対して武装闘争を行なったマキ〔密林・灌木地帯の対独レジスタンス組織〕

とその補助組織（特に対独義勇軍）が極めて活動的だった県の処刑を検証している。そこで問題となるのは、たとえ民間人であったとしても、戦争行為に類似した行動である。マルセル・ボドはすでに、フランス中央東部、南東部、南西部、リムーザン、ブルターニュにおける高い処刑率によってそれを指摘していた［一九八六年］。解放過程におけるこうした処刑が局所的に集中している点を否定することなく、認めておくべきは、個々に考えられたこの処刑の要因が、戦争を脱した社会によって展開された暴力の実際の規模を分析するには、必ずしも最適とは言えないことである。

それゆえ、共同体社会の一部、または少なくとも大部分が同意して、さらには参加して行なわれた別の形の暴力に意味がある。ようやく一九九〇年代末から考慮されるようになった［カプドゥヴィラ、ブロッサ、ヴィルジリ］こうした殺人以外の暴力――コラボ女性の丸刈りtonteやほかの肉体的暴力（リンチ、襲撃など）、物質的暴力（物的侵害、略奪、破壊行為）、社会的暴力（大規模なオストラシズム運動）――は、民衆が実際に許容した暴力を推しはかるのにはるかに有効な社会的マーカーとなる。この点で、裁判ぬきの略式処刑が別の民衆の暴力形態を誘発するのでもなく、また逆のこともなかったことは、早くから指摘されていた。だから、今日では、大都市から農村部まで大量に行なわれたことが判明している丸刈りの地図と処刑地図に実際的な相関関係はない［ヴィルジリ、二〇〇〇年］。この尺度で考えると、暴力が、処刑地図だけで推測される以上に、おそらくはフランス全土で一般的に広まっていたとするのは、別に不合理なことでもない。多くの地方は、穏やかな地方、ましてやそういう評判の地方を含めて、たとえ局部的なものにすぎないとしても、「異常な」暴力的逸脱行為を経験したのである。メーヌ・エ・ロワール〔ベルジェール、二〇〇四年〕やアルザス〔ヴォノ〕の事例はそのことを完璧に示している。

II　連続する三つの局面

解放の暴力を理解することはまた、異なってはいるが、しばしば重なり合う現実を区別するために細かな年代順の記述が必要であると認識することでもある。そのため、最小限三つの時期に区分することが望ましい。

1　ノルマンディ上陸前――発端、戦争の暴力

暴力は、占領下では（一九四一年から）、コラボまたはそのように推定された者への糾弾、次いでその迅速な排除を通して非常に早く始まった。地下新聞や自由フランス〔ド・ゴール将軍率いる抵抗組織〕が、ラジオを通してコラボに明白な警告を発し、ときにはブラックリストをばらまいていた。その頃から、敵対行動（脅し、侮辱）、テロ、丸刈り（ファブリス・ヴィルジリのデータの七パーセン

ト）、裁判ぬき略式処刑総数の二五〜三〇パーセントなどが、「粛清の原型」を成していた。これは明確に「敵」と認定された個人を優先的に狙い、厳密に粛清というよりも戦争のロジックに組み込まれていた。標的となった者へのこうした暴力は、主としてレジスタンスに属する個人または集団のイニシアティブで起こされた。この暴力は、一九四三年から次第に増えた司法官職層の非協力的な態度が示すように［バンコ］、国家機構の内部におけるいくつかの活動にはっきりと重しとなった。

2　ノルマンディ上陸と実際の解放との間——一九四四年夏、あらゆる危険をはらむ夏

暴動と政治的移行期の局面で、あらゆる形態を含めて、民衆の暴力の絶頂的局面が問題となる。この時期に、丸刈りの三分の二、処刑の六〇パーセント近くが記録されている。混沌として無秩序な状況のため、またレジスタンス勢力の大量の、ときには場違いな動員の影響を受けて、この頃には、ＦＦＩ〔レジスタンスのフランス国内軍〕は実員が五倍になっているが*、この流れは起こり得る過激行為に関してさまざまな危険をはらむものとなり［ベルリエール、ル・ゴアランとベルリエール、リエーグル］、後で見るように、暴力に対する新政府のある一定のアンビバレンツがないわけではなかった。

＊　この人員増には正規のレジスタン以外に、戦況が好転すると、慌てて押入れから軍服を取り出し、ゲートルを巻き直した「ナフタリン兵」レジスタン、さらには「二五時のレジスタン」とか「一一時のレジスタン」、「九月のレジスタン」などと称された「にわかレジスタン」も含まれていた。つまり、コラボ

が豹変して正義の味方面をし「仁侠の士」に変貌した輩がいたのである。中には山賊強盗の類いもおり、粛清に名を借りて悪逆非道の所業に及んだごろつき、悪党の「偽レジスタン」もいた。後出。

3　解放後——「最後の審判」への民衆の欲求

民衆の暴力は、その後始まった合法的粛清の緩慢さや寛大さを告発するために続くか、または多くの場合一定の周期で何度も起こった。そのために、合法的粛清に付随する競い合うような暴力だけは、文字通り超法規的か超司法的粛清に属するものになった。テロ行為や、住居の前とか駅、ときには裁判所内での多くの示威運動、刑務所襲撃、丸刈りなどの二五パーセント、また処刑の一五〜二〇パーセントはこういう状況で繰り広げられた。法治状態が次第に回復する一方で、戦争が続いていているような枠内において、ここでは、まわりの出来事、特に軍事状況の進展に対する世論の大きな関心を強調しておかねばならない。

たとえば、一九四四年から翌年の冬にかけて、重大な経済的・社会的困難に晒された国では、粛清が「第五列〔スパイ〕」に対する恐怖のため、積み重なった欲求不満に対する宥めの「触媒役をした」。ベネディクト・ヴェルジエ゠シェニョン〔二〇一〇年〕は、オーシュ、シャンベリ、モブージュ、ディーニュ、ブールジュ、ロデス、ベズィエ、アレス、ガップ、リヨンなどの刑務所や囚人襲撃の分析を通して、それを見事に論証した。数か月後、強制収容所囚人、戦争捕虜、徴用者などの帰還が、前年夏の間に逮捕または拘禁されたコラボの最初の釈放と同時に起こり、フランス中で一九四五年春と夏の間、新しい暴力の波を引き起こした。半分近くの県で新たな丸刈りやリンチが生じた。解放時ほど激しくはないが、勝利の年に続くこの第二の暴力のピークはしばしば帰還者の群衆に特徴づけられていた。特にアルザス・ロレーヌでは、この現象が、ドイツへの併合時に追放された者が帰還する際に顕著だった。

Ⅲ　半ば法的、半ば裁判ぬきの暴力

丸刈りを喩《たと》えるためファブリス・ヴィルジリから一部借用したこの題名では、問題は合法的なものと超法規的なものの境界にある粛清の暴力を再考することである。まず二つの面を区別せねばならない。すなわち、暴力の原因となる決定実行のプロセスとその展開の舞台装置である。

決定のプロセスの段階で確認できるのは、自然発生的で抑制不能か、不法なものとされた多くの暴力が「ブルドレル」、実際には、正当かまたは事実上の権力当局によって組織調整され、さらには計画されたものであることだ。フランスの多くの地点で、丸刈りがしばしば半公式的な処罰の性格を与えられ、手際よく組織化されていた。たとえば、それは、多くの場合FFIによって、だがときには公共秩序維持機関〔警察、憲兵隊〕、もっと稀には行政当局によってでも〔〔ピレネー山脈沿いで、地中海に面した〕ラングドック・ルシヨンの場合〕共同管理された。まず「丸刈りにすべき」女たちの徹底的な探索が行なわれ、次いで特定の場所に集められ、しばしば同時に多くの女性が頭髪を丸刈りされたのである〔なお、この丸刈りは、厳密に言うと、頭髪を刈ったあと剃り上げられた。訳者あとがき参照〕。

隣接の領域では、まるで正式な裁判を模倣することによって暴力の使用を正当化する必要があるかのように、該当者に対する多くの暴力が実際はしばしば裁判ぬきの、尋問、判決という訴訟手続きの枠内で行なわれた。だから、多少なりとも定められた規定を有する「法廷」の介入が、多くはレジスタンスかマキのものだが、かなり頻繁にあった。いくつかの例が有名なものとして残っているが、たとえば、〔スペイン国境沿いのアリエージュ県の町〕パミエの人民法廷〔処刑四二名、ドイツ人七名を含む〔ラボリ、二〇〇一年〕〕や、一九四四年夏の〔スイス国境沿いのオート・サヴォワ県の村〕ル・グラン・ボルナンの軍事法廷〔処刑七六名〕などである。このようにして、約一千件の処刑が、多少なりとも正規の、多くは「軍事法廷」と称する裁判所によって組織立てられた訴訟後に行なわれたのである。*

＊ ただ粛清はフランス全土で起こったが、全国一律に行なわれたのではなく地域差もあり、例外もあった。たとえば丸刈り女について言えば、北西フランスの海岸沿いのある村では、男どもは戦場にあって一人もおらず、ドイツ兵だけがおり、自然に村娘たちとの接触交流が始まったが、解放後この村で丸刈りに

された娘は一人もいなかった。それは、一説によると、英仏海峡に面したこの地域では伝統的に「世襲の敵」はドイツ人ではなく、イギリス人であり、かつて百年戦争時、イングランドに占領された「カレーの市民の霊」が今なお宿っているからであるという。

裁き決定するプロセスの次に同じく確認できるのは、暴力がしばしば演出され、さらには「劇場化されて」、ほとんどいつも公共の場（通り、広場）、また頻繁に権力か権威ある場所（市役所、県庁、兵舎、憲兵隊庁、警察署、拘置所など）で、権力を保持する個人かときには制服姿の係官の立ち会いのもとで行なわれたことである。そのような状況に対して、新政府の姿勢が問題となる。その場合、三つのシナリオが可能である。

一、存在はするが、定着するにはまだ不十分な新権力。情報源となる当局機関で頻繁に指摘された無力さ、特にその公的権力の独占が大きく疑問視された憲兵隊の無力さ。たとえば、一九四四年十月、リモージュでは、憲兵隊責任者がまだこう書いている。「目下、憲兵隊は通りの混乱を前にして手をこまねいて見ているだけである」［ベルジェール、二〇〇七年］。

二、民衆の過激化に捌け口を与え、よりよい未来を確保するための「自由放任」策の誘惑。

三、この暴力を受け入れて、その合法性を確立しようとする意思。すなわち、合法的暴力の行使が権力の狙いとなる。

動機が何であれ、多くの情報源〔司法、行政機関〕ではこの暴力が、少なくとも初期には、裁きの一形式と見なされており、確かに手っ取り早く、ときには過激だが、やはり裁きの一形式であることを示していた。それに、行なわれた暴力に説明〔多くは政治的なもの〕を求めることは、当局にとってしばしば釈明し正当化する機会となった。この暴力はなるほど非合法だが、それでも正当なものであると考える者は多かった。たとえば、一九四五年十一月、ブルターニュの共和国地方委員CRR〔新政府が地方を統括するため派遣した政府委員〕のル・ゴルジュは、担当地区で強制収容所囚人が犯した暴力行為について内務省にこう書き送っている。「ナチズムの犠牲者に、同じような苦しみを知らない市民に対するのと同様に厳しく法形式の遵守を要求することは、人道上不可能である」〔カプドゥヴィラ〕。

当然の結果として、暴力行為に対する捜査や訴えがあると、予審担当部局は犠牲者とは距離を置き、彼らを自らの行動と向き合わせる。戦争の文脈によって濁った「コラボの」イメージと言葉は正当化されず、当局がしばしば暴虐行為を容認する。多くの場合、当事者に関して「市町村長が与えた極めて悪い情報」は、彼らが被った暴力におけるその責任や罪状さえも明らかにするのに十分で、それも彼らのイメージのネガティヴな再構築を代価にすることを含めてである。だから、捜査官は彼らを「忌まわしい人物」として、またなお一層頻繁に「周知のコラボ」として名指すことに軽蔑的な用語を使うのに躊躇しなかった。このコラボという呼称は広まりすぎており、自然発生的なものでは全くなく、それを用いる者のペン先では、これが証拠を集める労を省くことを目指す捜査の慣行を反映していることは明白だった。周知であることは証明される必要はなく、そのため裁判ぬきではないとしても、手続き無視の迅速な訴訟に一挙に進むことができる。こうして、暴力の犠牲者はしばしば犠牲者の地位を「否定」され、捜査が彼らにとって不利となるか、または往々にして上首尾には終わらないことになった。

したがって、解放直後は、地方当局のような捜査担当部局が「コラボ」や、共同体でそのような者と見なされた者に対して行なわれた暴力を概ね容認している平均的な世論の方に傾くことは、明らかだった。いくつかの場所では、彼らに然るべき埋葬への権利にさえ異論が唱えられたり、葬儀で鐘の使用が禁じられたりした。おそらく完璧であるためには、こういう話題には含みをもたせて言えば、暴力に対する寛容さの度合いは場所によって、またもっと多くは時期によってばらつきがあり、特に一九四五年からはそうだった。たとえ彼らの行動の研究にはまだなすべき余地があるとしても、一九四五年からは、軍事法廷にレジスタンスかまたはその名においてなされたいくつかの暴逆行為が付託されたことを想起しておくのは、無駄なことではあるまい。アンジェにおけるル・コズ〔レジスタン（対独抵抗運動家）であることを疑われ、後に銃殺された〝自称〟マキの偽レジスタン〕事件のような判例〔ベルジェール、二〇〇四年〕とか、アンリ・アムルが示唆するような罪深い寛容に見られた、この処罰の厳しさに関する問題は未解決のままである。しかしながら、数百人、たぶん一千人の真偽曖昧なレジスタンが、一九四四―一九五三年間に、解放時にレジスタンスを隠れ蓑にして犯された重罪や軽犯罪の廉で裁かれたのである。

Ⅳ　村の粛清、あるいは身内での相互の粛清

粛清の記録史料を読むと、社会に流布している対独協力のイメージが、公的かつ合法的な粛清を規定する規範的な条文の枠をいかに超えたものであるかがわかる。そこで、対独協力の明白な事実以上に、解放時に人々にとって対独協力を意味した行動の型を把握することが重要となる。解放時に「コラボ」のステレオタイプを形づくったのは、この行動の総和である［カプドゥヴィラ、ベルジェール、二〇〇四年］。これは罪人のイメージに付着するが、嫌疑者の定義づけにおいては、はるかに都合のよい表現の場を見いだす。嫌疑者とは、非難されるべき客観的な事実が見かけ上はないにもかかわらず、隣人間ではコラボ、それも大抵は「周知のコラボ」と見なされている人物である。対独協力を意味する言葉を通して、快楽、逸脱行為、個人的または集団的アイデンティティとの関係にまつわる支配的なイメージ体系が浮かび上がってくる。さまざまな形をした快楽（美食、祝祭、

性関係）の告発は、特にこれをドイツ人と共にしたときには、困難な状況下で一体化した共同体に対する連帯感の欠如と同一視される。行き過ぎた美食、さらにまた放蕩三昧（宴会、酒盛り、饗宴、乱痴気騒ぎ）を告発するため用いられた言葉と裏切り行為との連想はしばしば、異常と見なされた行動の償いの働きを反映している。実際、粛清は道徳的または社会的逸脱行為を処罰するために行なわれる。

別な言い方をすると、「コラボ」が裏切り者であることだけでは不十分で、そのうえ異常な存在であらねばならない。それゆえ、占領者との友好的とか性的関係はほぼ一貫して、「ふしだらな生活」をし、「軽はずみで、放埒、堕落した品行」の女性の行為として示される。彼女たちが現実にコラボとか裏切り者であるかなど問題ではなく、「堕落した女」としての行動が処罰に値するのである。だから、占領者との個人的関係を誇示する性格は、敵のための事実上のプロパガンダと見なされ、それはときとして裁判においてもそうである。彼女たちへの訴因のなかで、メーヌ・エ・ロワールの民事特別部 chambre civique〔一九四四年八月二十六日の法令によって設置された対独協力者裁判法廷の民事部〕は、「ドイツ人との関係を大ぴらにする」という意思を「フランス国民に対する侮辱的態度」となる行為と認定した。風俗の問題以上に、アウトサイダー、ときには単なる風変わりであることが、村で認められた粛清の枠では強力な嫌疑となる要素であった。地域の人間関係に同化しない個人は、しばしば集団から離れているという理由だけで共同体からは特に怪しい嫌疑者と見なされたのである。

一八七〇年の戦争の文脈で、アラン・コルバンはすでに、「帰属集団外で裏切り者、迫害者を探すことが支配的な傾向である」[3]ことを確認していた。多くの事例で、共同体が裏切られるとしても、それは実際にそこに帰属しない分子によってのみであることが観察されている。反順応主義のため共同体によって糾弾された個人は、都市（国家）の「異邦人」としてはそれ以上に糾弾された。ここでこの用語は広義に理解されねばならないが、ときには別の市町村の出身であることだけで十分であった。もちろん、避難住民の状況は、特にフランス東部や北部からの場合、フィリップ・ニヴェがすでに第一次世界大戦に対して指摘していたように、問題があった。[4]実際の外国人となると、不信感ははるかに強く、フランスの多くの地点で、人々は国籍だけを基準にして対独協力を疑われた。初期の研究から、マルセル・ボドはそれを指摘していた〔一九七六年〕。「いくつかの地方では、嫌疑者と見なされ、ときにはいかなる証拠もなしに断罪された外国人に対してのみ一貫した敵意があった」。

（3）A・コルバン『人喰いの村』、オービエ、一九九〇年、再版、フラマリヨン、「シャン」、一九九五年、六五―六六頁。
（4）P・ニヴェ「北フランスのドイツ人野郎 Boches」、『大戦中のフランス難民』、エコノミカ、二〇〇四年。

実際には、解放は小さな共同体レベルではかつてなかった社会的統制を激化させた。この周囲の外国人嫌いの状況にあって、「ドイツ人と密接な持続的関係を持つこと」、「彼らのために働くこと」、「彼らを食卓に招くこと」、「一緒に散歩すること」、「彼らと狩猟会に参加すること」、「彼らの美点を称賛すること」は、ゲルマン化することの表われ、自己自身のアイデンティティの放棄と見なされる行動と同じである。当時の理解としては、「コラボ」は国籍を剥奪され、フランス人としての性格を否定される。このイメージは、対独協力を疑われて、尋問を、「もう一度繰り返しますが、私はフランス人であって、コラボではありません」〔ベルジェール、二〇〇四年〕と言って終えたあの女性のように、被告人によって同化されさえする。ときには、粛清は共同体から望ましからざる分子を追い払うための便宜的手段にすぎなかった。

それぞれの村のレベルでは、解放は皆がこぞって祝い、復讐の歓喜に酔いしれた例外的な団結の時である。そこで、最大多数の団結は、背き、名誉を汚し、裏切った者たちを排除することで固められる。解放の時期には、共同体からの追放は、ときには裏切り者の家のマークづけ、そのときのために催されたお祭り騒ぎに顔を出すとか旗を飾ることの禁止となって表われた。屈辱、汚点として生きた占領時代を脱して、粛清はルネ・ジラールになじみの「スケープゴート」にも似た集団力学のメカニズムにおける純化、健全化、いわば清掃浄化に類似した働きをしていた。結局は、村の粛清を背景にして〔ベルジェール、バリュシュ編著〕、集団が自らつくり、自己自身について与えようとする理念を顕わにするアイデンティティ確立の働きが常に入り込んでくる。それゆえ、自己粛清するその仕方を通して、村はその統一団結も亀裂も露呈する。そこでまた、当初は自らのものではない争いを基にして、徹底的とか恒久的には分裂もできないことがわかる。かくして、全員の同意を得て内部で容赦なき自己粛清ができる村は、また外部からの命令としての粛清措置に抵抗できるのである。逆説的に、この二つの行動は社会的関係の複雑さにおいて粛清を変貌させる同じ能力に属することになる。

＊＊＊

結局のところ、重い結末（暴力の犠牲の死者・負傷者数万人）にもかかわらず、内戦は、ときにはレジスタンスに示唆され――「清算の時が近い」――、またしばしばこの脅威を利用しようとはやるヴィシー当局に予告され、さらに住民に幅広く恐れられたが（世論調査が証明している）、実際には起こらなかった。なるほど、いくつかの出来事はそれに近かったが［トドロフ］、それは特に国土が粉砕され、荒廃し、さらには解放以後の数週間、ときとして数か月間、権力関係が混沌としてばらばらだったからである。

それに、地方の状況の多様性は、解放の状態、その期間、その過程におけるレジスタンスやFFIの果たした役割、新しい当局者、解放前後の戦争暴力の激しさなどによって、避けがたくあった。

恐るべき暴虐行為や戦争行為の犠牲者とか証人であった住民から、いったいどんな寛大さを期待できたであろうか？　一九四四年十二月二十八日、アレス刑務所の襲撃と数名の囚人の略式処刑が起こったのは、死体置き場の井戸底で四〇の死体が発見された一週間後だが、このときまだ住民は彼らをドイツに強制収容所送りになったものと思っていたのだ〔ヴェルジェ＝シェニョン、二〇一〇年〕。また一九四四年八月二十三日、ル・グラン・ボルナンの冷酷な民兵処刑は、先の春のグリエール高原〔いずれもオート・サヴォワ県〕のマキの残虐な弾圧と結びつけずには、考えられない〔このドイツ軍の報復によるグリエールのマキ弾圧はレジスタンス史上最も有名な闘争の一つである〕。

こうしたあらゆる理由のため、雰囲気は、一九四五年春―夏の頃よりは熱気が和らいだ解放直後だったが、暴力はかなり一般化されており、単に幅広く容認されただけでなく、国家の権威の復活に持続的な脅威とは見なされていなかった。意識的にまたは無意識に、地域住民は――これに少なくとも当初は広範な当局が加わったが――「周知のコラボ」を地域と国家共同体との絆を断った者、つまりは自ら「法の埒外に」位置する者と見なしていたことを、誰も疑わなかったのである。社会集団から追放された彼らは、彼らが結びついていた法の領域からも追放されたのだ。社会の法と共通規則はもはや彼らには適用されず、彼らの人格とか財産を侵害することが可能になった。そうなると、大多数にとって、「よきフランス人」は「悪しきフランス人」の権利を奪い取れることが明白になった。この枠内で、村と国家共同体からコラボを暴力的に排除することは新たな運命共同体の礎となった。以後数か月間、国家が処罰を黙認することは部分的に住民の荷を下ろしてやり、同時に同一の国民的アイデンティティの形成を保証することだった。そうなると、世論は最も明白な背反を批判または指摘するだけで満足し、それはもうすでに全く彼らの問題ではないと感じていたのである。

第二章　合法的な粛清の法的基礎

密かに考察、準備され、次いで北アフリカ（一九四三年八月十八日の法令）とコルシカ島（一九四四年一月二十一日の法令）で実験された粛清は、フランス国民解放委員会CFLNとフランス共和国臨時政府GPRFに、国家とその代表、特に地方代表の問題として一挙に立ち現われた。ド・ゴールは、一九四四年十月、ルーアンの演説で力強く断言した。「フランスにぜひとも必要なのは、国家、国家の正義、国家の権威、国家の力であり、もっぱらその力、その正義、その権威である」。彼にとって、粛清は上からのみなされるものであって、これを制御し、正当化するという二重の働きに応えることになるのは、明白であった。確かに粛清は裁判をし、国家の権威を確立し、解放前後の暴力を整理解決する手段だった。この考え方は、レジスタンスと自由フランスの隊伍で始まった粛清をめぐる考察とつながっていた。粛清の法的装置の構築には、二つの組織が決定的な役割を果たした。すなわち、一九四二年夏フランス本土に創設された研究調査総合委員会CGEと、一九四三年六月アルジェで生まれたフランス国民解放委員会である。この二つの機関の構成は異なっており、研究調査総合委員会は専門家委員会、フランス国民解放委員会はより政治的な機関であるが、共通しているのはともに自由フランスと国内レジスタンスの境界域に位置していることである。研究調査総合委員会とフランス国民解放委員会はまた、将来の県知事と共和国地方委員の指名の動きや、解放された報道の地位に関する法案、またもちろん、敵との協力に対する処罰についても中心的な役割を果たしていた。この観点からすると、確かに粛清の当初の法的な枠組みは、本土におけるその適用に当たっては比較的それを考慮する余地がわずかであっても、結局はアルジェで定められていたと見ることができる。

実際、一九四四年三月二十日、ピエール・ピュシュ（ヴィシー政府の元内務閣外相）の裁判と追放が法的粛清の端緒となるにしても、それは特にアルジェ当局のヴィシーに対する警告として響いた。なぜなら、試金石とかモデル以上に、北アフリカにおける粛清の実験はとりわけ引き立て役として役立ったからである。一九四三年十二月から、フランス国民解放委員会の裁判担当委員フランソワ・ド・マントンはそれを失敗と結論づけ、「北アフリカの不幸な経験を考慮して」、新しい法的措置を講ずると表明した。そこで根本的なシステムの変化を見ることになる。すなわち、いかなる法令も徹底的な修正なしには存続せず、新しい条文はもはやアルジェの合法化を論拠にしなかった。かくして、その適用領域においては、制限的にしてかつ曖昧な一枚岩的法システムから、処罰組織や方式の多様化と特殊化を選ぶことになるのである。

Ⅰ　国家の中央集権性

アメリカ軍政部AMGOTという障害が取り除かれると、フランス共和国臨時政府はなおも戦争中の国にできるだけ早く共和国を復活させようとし、権力は、中央権力の名において、まず地方を把握すべきであると考えた。そのため、一九四一年にヴィシーが設けた地方の枠組みを残して、一八名の共和国委員を任命した。一九四四年一月十日の法令によって定められたロードマップによって、彼らには四つの主要な任務が課せられた。すなわち、共和国の合法性を回復すること、安全保障を確保すること、国土を管理すること、住民の生活に不可欠な欲求に応えることである。警察、裁判、経済問題に関する特別権限を付与された彼らは、解放の初期には、地方における国家の復帰を伝える、いわば代官だった。レジスタンスの誰もが認めるリーダー格である彼らのイニシアティブの余地は、解放の初めの数か月間は、多くの地方がまだ中央権力から孤立したままだっただけに、一層大きく、重要だった。統制された粛清プロセスを推し進めることが彼らの優先課題となった。そのため、彼らは法的（法律や規則の一時的な停止）、司法的（特赦権）、警察的（逮捕、拘禁）、行政的（任命、停止、罷免、徴発、接収）領域において強化された特権を行使した。彼らの権力は極めて大きかったので、正当にも彼らを文字通り「解放の地方総督」と喩《たと》えることができた〔フロン〕。ただそうではあっても、この尋常ならざる状況は長くは続かず、一九四四年十月からは、彼らの例外的特権は次第に取り上げられ、省庁と中央権力の手に移った。一九四六年三月、実験が終わると、地方権力はすでに生き終えており、その挫折はまた再中央集権化の歴史でもあった。

したがって、そのような状況にあって、解放後の数週間、数か月間は、フランス共和国臨時政府が派遣した共和国地方委員と知事は、レジスタンスの下部組織からの派遣か、もしくはその出身者の解放委員会（県解放委員会CDL、地方解放委員会CLL）の「事実上の」権力に対して、「法律上の」権力を体現していた（前者解放委員会には、マキ、FFI、組合または政党、特に勢力のあった共産党員が含まれていた）。実際の権力の二重構造はなく〔ビュトン、ギヨン〕、そのことは権力の誘惑がここにしかなかったことを意味するのでもないが、合法的粛清は、中央権力を代表する地方当局と〔中央からは離れる〕遠心力的な権力の間の力関係のなかで行なわれたのである。

最初の局面では、あらゆる形の合法的粛清が行なわれる規範的枠組みを定めるのは国家で、既存の刑法（七五〜八六条）に依拠するが、また反祖国罪という新しい重罪刑の創設〔第二次世界大戦後、コラボに対する市民権剝奪・高率課税を科した刑罰〕と粛清に関する二〇〇の官報条文にも依拠していた〔バリュシュ編著にある全リスト〕。公権力は、法律と規定の枠組みを提供しながら、また粛清執行機関の設置にも関与した。県、地方、国の各段階のさまざまな粛清委員会のメンバーを選び指名するのは、彼ら当局者だった。粛清は、その理論においても実践においても、強く国家に管理されていた。法令には粛清組織を構成する「当局機関」が常に正確に規定されており、またそこには官吏と司法専門官が立ち合うことが強調されていた。執行力を持たせるため、粛清委員会の決定は、大抵の場合、国家当局によって有効と認められたが、それは公職以外の職業上の粛清を含めてであった。

結局、多様な粛清プロセスでなされた決定を控訴、上訴する機能を保証するのは最終的には国家である。確かに、控訴手続きは縮小され、法的粛清は厳密には破毀院〔最高裁判所〕には属さないが、それでも独軍協力者裁判法廷や民事特別部の判決には、ほかの法廷へ送付される道が開かれていた。同様に、行政権力（地方、次いで国）は直接的に特赦権を有していた。一九四四年十一月まで、共和国委員は死刑囚に対するこの王権のような権力をまだ付与されていた。アンジェ、ボルドー、ポワティエ、リヨン、モンペリエ、マルセイユなどの地方委員がこれを行使したことは知られているが、ただしその条件と規模においては、なお明らかにすべき余地が残る［フロン］。特に世論の目に劇的に映るこうした措置を飛び越えて、行政権力は独軍協力者裁判法廷と民事特別部の受刑者にすぐさま減刑を与えていた。この全面的または部分的な減刑は、特例を普通法の裁判権に近づける傾向があった。そのうえ、序列化され、しばしばピラミッド型になった多数の粛清組織は、下級審の決定を上級審に控訴する可能性を加えた。結局は、国務院が、行政的粛清についても多くの職業上の粛清についても、書式の不備や権力の乱用に対して控訴可能とする機関となり、保証人となったのである。

結局のところ、発議の言葉（法的・司法的な定義づけ）は国家に属し、最後の言葉（特赦、上訴など）も国家に帰属する。二つの中間にあって、国家の中央集権性は、粛清委員会の構成と管理支配において、異なった局面でちぐはぐな安易さとなって至るところで国家的方針として現われたのである。

Ⅱ　合法的粛清プロセスの多様性

ここで問題となるのは、法的粛清における訴訟手続きとかかわった当事者の多様性、すなわち、新しい当局者が設置・組織・支配した粛清形態における多様性を強調しておくことである。

1　行政的監禁の大量実施

行政的監禁は公権力が設置した法的粛清の最初の形を示している。解放初期から、目標とすべきは殺到する大量の逮捕に応えることだった。監禁、隔離、居住指定などによる、対独協力行為の行政的処罰は主として県当局（郡知事、県知事、共和国地方委員）に属し、監禁審査委員会の支持を得ていたが、それは前体制の監禁の慣行を特徴づけていた恣意性を断つためだった。県または地方レベルで設置されたこの諮問委員会は、なるほど経験的に統制力を行使し、弁護と拘禁条件に関して一定程度の保証を提供していた。司法官の主宰下に置かれた委員会は、一般に警察と県解放委員会の代表で構成されていた。

一九四三年十一月十八日、特に一九四四年十月四日の法令によって定められた、こうした自由剥奪または制限する行政措置は、次の三つの主要な動向に応えるものだった。一つは、ときには隣人関係で脅かされた個人を保護することが問題だった。解放の混乱した時代、誰かが新当局の保護下に置かれて、民衆の訴追を免れるのを見ることは珍しくなかった。もう一つは、この措置は疑わしい人物、つまり公安や国防にとって潜在的に危険な人物の拘禁中の安全保護要請に応えるものでもあった。戦争が続いているとき、前線の後方でスパイ要員になり得る個人を自由にしておくことが問題なのではない。三つ目は、この一時的な行政処罰が重要な調整機能、特に解放直後の大量逮捕者のふるい分け（選別）機能を果たしていることだった。簡単な調査の後、これは、多少の差はあれ、早急に嫌疑を解除するとか、逆に明らかになった証拠から見て、裁判に付すことが妥当と判断することもあった。この場合、被疑者は、解放後フランス国土に配置された一七〇の拘置所［ペシャンスキ、二〇〇二年］から刑務所に移されることになったのである。

2 その場しのぎの特例的な法的粛清

対独協力を裁くために採られたフランスの司法制度は三種類の特別裁判所の創設に至った。

国家レベルでは、一九四四年十一月十八日の法令によって、ペタン元帥を含めてヴィシー政府の政治的、軍事的、行政的な責任者を裁くために高等法院〔大統領や大臣職の者の国家的犯罪を裁く法廷〕が設置された。はっきりと政治裁判の形を取りながら、これは国会議員たちには大幅に手加減を加えた。これはまた二つのリストから籤《くじ》引きで選ばれた二四人の陪審員で構成されていた。一つのリストは、一九三九年九月一日に議席を占めていたが、一九四〇年七月十日、ペタンに全権委任の賛成票を投じなかった議員。もう一つはレジスタンスの代表的人物で、特に一九四五年七月二十九日の法令以降、「彼らが裁かねばならない相手の陰謀にとりわけ苦しまされたレジスタン」たちであった。当初、これは三名の司法官、特に破毀院の筆頭裁判長が取りしきっていた。

地方レベルでは、対独協力者裁判法廷と民事特別部が控訴院〔高等裁判所〕のある各司法管区の管轄区域に設置された。一九四四年六月二十六日および二十八日の法令によって想定された対独協力者裁判法廷は、極めて重大な重罪と軽罪を裁いた。主として刑法七五～八六条に基づいて規定されたこの法廷は、裏切り、敵との共謀、スパイ行為、国家安全保障侵害、国防に対する有害行為などを優先的に処罰した。したがって、これは投獄から懲役、強制労働、死刑までに至る極めて重い刑罰を宣告した。扱うべき大量の案件に対して、対独協力者裁判法廷は結局、県ごとに分割された。九〇近くがフランス全土で機能し、その廃止（一九四九年七月二十九日の法律）とさらには一九五一年一月三十一日、最後の法廷（セーヌ県対独協力者裁判法廷）が実際に閉鎖されるまで続いた。重罪院をモデルにして構成された対独協力者裁判法廷は、それでも際立って「民衆的でレジスタン的な」性格を示していた。これにはそれぞれに四人の陪審員と一人の裁判官がいた（重罪院では三人の裁判官と七人の陪審員）。明らかに、立法者は司法専門官だけの裁判所を設定していたヴィシー体制との違いを意識していた。そのうえ、陪審員はここでも籤《くじ》引きで、もっぱら「愛国心を示し続けた市民」だけのリストを基にして、最初は県解放委員会のメンバー、次に一九四五年十二月からは県会議員によって指名されたのである。この最初の方針は、一九四五年十二月十四日の法律で微修正されたとしても、権利平等の欠如と法廷の不公平さを背景にして、絶えざる論争の源だった。

一九四六年四月、前年六月から法務大臣のピエール＝アンリ・テトジャンは、こういうあり得る衝突を否定せず、それを限定的、要するに政治裁判の場合は避けがたいものと判断していた。「ときとして陪審員が示した情熱は確かに遺憾とすべきだが、理解しがたいというのは不当であろう」。それは、対独協力の理由に照らしてみると、「心穏やかにしているのは難しいし、それこそ誰も無関心ではいられない罪なのだから」。この時期から、この「党派的な」裁判に期待され、または恐れられもした結果について、世論が分かれた。県知事報告はほとんど全てが、陪審員がある者には極端に厳しく、ほかの者には寛大すぎ、「過度に影響されやすい」と嘆いているが、この同じ報告が本当はどんな観点からなのか決して指摘できない――またここで歴史家もこの無力感を共にせざるを得ない。たとえば、大きな影響力があったとされる共産主義者の場合、我々はアンヌ・シモナンの分析［二〇〇四年］に共感する。「対独協力者裁判法廷の陪審員には共産主義者が多数いたとか、決定権を握っていたということは、当時も今も、誰も証明できない」。このあり得た過剰な存在がどの程度法廷の判決に重みをもったかについては、意見の分岐はさらに大きくなる。結局、問いは出されたままで、この非難はされたが多数派の当事者が、アリス・カプランの言によれば、「裁判から忘れられた者」、また歴史家から忘れられた者であることは認めざるを得ない。

当初は著しく異なった指名方式にもかかわらず、対独協力者裁判法廷はこうした批判を免れられない。ここで想起されるのは、議会の方針により、以後排他的になったその修正（一九四五年十二月二十七日の法律）を課したのは、法廷で被告が「罵詈雑言を浴びた」［ヴェルジェ＝シェニョン、二〇〇六年］ラヴァル裁判の時のような陪審員、さらには公衆の行き過ぎた行為のためである。結局、普通法に抵触する訴訟手続きにより、一九四四年十一月二十八日法第二一条は、事件落着か法廷送付かを宣告する権限を予審判事ではなく、政府委員に与えた。政府委員は、事件の方向づけにおける決定的な役割によって司法システムのキーパーソンとなり、その姿勢がシステムの良好な機能を大きく左右した。しかしながら、ブラジヤック裁判におけるマルセル・ルブルの役割のように、彼らに帰すべき重要さに関する研究はほとんどなかった［カプラン］。

一九四四年四月二十六日と九月三十日の法令によって設置された民事特別部は、対独協力者裁判法廷に付属し、その動きに従った。これはまた新たな問罪 incrimination「反祖国罪 indignité nationale」に依拠していた。フランス革命から継承したある種の政治的裁判の伝統に結びつきながら［シモナン、二〇〇八年］、反祖国罪は被告人の権利（特に公民権）、ときにはその財産（没収）に及んだが、自由剝奪はしなかった。解放後繰り返し強化された重課税（一九四五年十二月）、次いで戦災賠償金から「相続資格喪失者」の排除（一九四六年十月）という、この処罰はときとして一種の「公民の死」に同化され、解放時に最も多く適用された。実際には、民事特別部は二つの判決だけを下していた。無罪と一時的または終身の公権剝奪である。そうしながらも、対独協力者裁判法廷にはまたこの加辱刑を、主要かまたは補足的処罰として宣告する権限があった。この権利喪失、特にその遡及的性格がもたらす留保にもかかわらず、民事特別部はとりわけヴィシー主義と、おそらく対独協力者裁判法廷ならば、何ら処罰を受けなかったような小規模の対独協力や妥協的行為を罰していた。

一九四四年十二月二十六日の法令は反祖国罪を構成する行為の一覧表を掲げていた。すなわち、ヴィシー政府やフランス国が設置した機関の公職や責任ある地位に就いていたこと。対独協力に関係する集団や党派に加入したこと。プロパガンダや、そのための行事へ参加することによって対独協力を推進したこと。実際には、この不完全なリストは裁判官に大きな解釈の余地を残しており、法廷間で現実的な補完関係が観察される。強硬な対独協力主義（軍事的または警察的対独協力、入党、軍籍登録）が対独協力者裁判法廷に属するのに対して、ヴィシーへの賛同だけや占領者への単なる順応行為は民事特別部に回された。この意味で、後者は対独協力者裁判法廷には軽すぎるが、どんな罰も受けないにしては深刻すぎる案件を解決するには理想的な機関となっていた。しばしば世論に不都合な影響を及ぼす、あまりに大量の無罪判決を避けるため、政府委員は民事特別部に国家的理由、またおそらくは理由だけ挙げれば正当化できる好都合な便法を見いだしていたのである。

この三つの特別裁判所（高等法院、対独協力者裁判法廷、民事特別部）は、当時の状況に即して創設され、訴訟の大部分を扱っていたが、独占的にではなかった。実際には、裁判過程で重要な役割を果たしていた正規の軍事法廷も当てにせねばならなかったが、その役割は部分的によく知られていない面もあった。対独協力者裁判法廷が設置されると案件を先に付託された軍事法廷はまた、一九五一年一月以後、対独協力者裁判法廷の閉鎖後は、最後の粛清案件を一掃するための最終権限者となる。ピエール・ピュシュは軍事法廷で断罪されたが、通常の粛清裁判後に粛清された最初のフランス人と見なされている。フランス本土では、解放時の切迫した雰囲気に迫られて、大部分の共和国委員は、少なくとも対独協力者裁判法廷開設前では軍事法廷を設置していたが、前者の開設日は地方によって異なる。たとえば、マルセイユは一九四四年九月十一日、リヨンは十月五日、パりは十月二十三日、アンジェは十一月十五日、レンヌ、オルレアンは十二月である。

こうした状況下で、一九四四年から五〇年代にかけての司法的処罰における軍事法廷の活動を考慮すると、さまざまな面で粛清の総括を修正せざるを得なくなる。量的な観点では、粛清民事裁判所の前段階における軍事法廷の介入は、正確な死刑執行数からみると、決定的である。解放後数週間というこの最初の局面では、軍事法廷は、正規の裁判所とレジスタンスやマキから生まれた即興的な裁判所とは区別すべきであるが、大抵の場合、軍法会議内にあり、対独協力の重罪、特に裏切り行為を優先的に審理していた。軍事法廷の活動は、戦時の軍事裁判規定が想定していたように、迅速だった。国家レベルでは、軍事法廷の判決で生じた処刑数は七六六または七六九とされるが、これはつまり、司法的粛清の名目で宣告された死刑執行数倍増の一因になっているほどで、相当な量的寄与である。

質的な面では、対独協力者裁判法廷の全面閉鎖後の軍事裁判の活動に結びつく最終局面はまた、第一審裁判所で宣告された刑罰と実際に受けた刑罰の間のズレを精査するのに役立つ。たとえば、解放時に対独協力者裁判法廷によって（多くは欠席裁判で）重罪に処せられた被告人は、彼らの事件が軍事裁判官により極めて寛大に再審査されるさまを見ることになる。この粛清免除の動きは検討したケースに固有なものなのか［ベルジェール、二〇〇四年］、それとも扱った国事問題全体に一般化できるものなのか？　ここでも、問題は極めて重大だが、明確にすべき余地が残っている。時間軸の面でもその結果においてもこの極端な例を除いても、司法的処罰への軍事裁判の寄与もまた明確化すべきである。通常時は、市民か軍人かという違反者の身分がその行動に便利な境界をもたらしている。同様に、元の敵（ドイツ人、イタリア人など）が、スパイ活動とか戦争犯罪行為の場合には軍事法廷に付されるのは当然である。この先験的に明白な規範的枠組み（軍事的地位と国籍の基準）にもかかわらず、それでもフランス市民が対独協力者裁判法廷に属する行為のために、軍事裁判所で嫌疑者のままであることがあった。

したがって、民事と軍事の裁判所が協力している時期における両者の相互関係は、解明に値する。軍事法廷と対独協力者裁判法廷間にあった頻繁な権限争いから判断して、二つの機関は競争という観点からも補完性という観点からも考えられるべきであることは、明らかである。だから、次のような問いが生じる。どれだけの対独協力者が軍事法廷で裁かれたのか？　対独協力者裁判法廷が軍事裁判所よりも二、三倍以上の案件を扱わねばならなかったという規模の問題は正当なのか？　この量的寄与の問題は司法的粛清総括をはっきりと修正できるのか？

たとえば、以下のアンジューの状況から判断してこれほど不確かなものはない［ベルジェール、二〇〇四年］。つまり、そこでは、対独協力行為を非難された同じ市民がまず軍事裁判所で裁かれ、次いで民事特別部に出頭し、公民権剝奪を科されたのである。おそらくこの二重処罰の原則は、司法的粛清における軍事裁判所の位置を部分的に相対化するものだろう。これは、民事と軍事の司法的処罰の統計の単純な加算がとても満足できるような回答ではないことを示している。しかしここでもまた、この傾向は補足的な源泉資料やモノグラフィーで精査されることになる。こうしたさまざまな理由のため、司法的粛清の総括に対する軍事裁判所の寄与は、結局は、おそらく不揃いだろうが、必要不可欠なものとなるのである。

3　職業上の粛清

多くの行政当局で、対独協力の嫌疑者に裁定を下すことを目指す、序列化した粛清システムが創設されるには、一九四四年秋を待たねばならない。多かれ少なかれ中央集権化された行政的粛清の規模に、関係する行政当局や地方によってある程度のばらつきがあるのはやむを得ない。概して、介入権を有する三つの機関がある。すなわち、県当局（県知事、共和国地方委員）、県解放委員会と県庁本体である。下部組織には、大抵の場合、県知事か共和国地方委員が設置した県委員会に地方調査機関がある。大半の委員会は、県解放委員会が独占的に生み出したものでなければ、そのメンバーを加えていた。これはまた、ときとして司法官の主宰下に置かれ、嫌疑者と同等のグレードの役人を少なくとも一人は確保していた。予審された案件は序列ごとの見解を付すためまず主管の中央委員会に、次いで本省庁に渡され、結審となる。ときには、このプロセスがもっと長くなることがあり、たとえば、教育省では、県レベルで構成された事案がまず調査専門委員会に、その後パリの最高委員会に渡り、次いで大臣のデスクの上にのるのである。反対推論式に言うと、地方公共団体員の処罰は、県委員会の議を経て県知事の専権事項となる。万事を複雑にするのは、この設置された法律上のピラミッド型システムがしばしば、「事実上の」多様な既存の処罰組織と共存しているからである。各種施設（学校、警察署、会社など）や純組合組織のレベルで構成された多数の粛清委員会がこのプロセスに介入し、序列無視を躊躇しなかった。したがって、行政的粛清を正しく認識するには、必然的に「この複雑な機関組織網」を考慮せざるを得ないのである［ルーケ、一九九三年］。

公職を除いて実行された職業的粛清も全くばらばらである。これは関係する職業従事者や組合代表、県解放委員会の代表を頻繁に集めていた。こうした機関が、医師の粛清の場合のように、司法官の主宰下に置かれることは、稀ではなかった。多くの点で、企業や職業団体で行なわれた職業的粛清は行政的粛清に類似していた。そのうえ、それらを制度化する法令は、精神においても条文においても極めて近かった。両者とも、その態度や反国家的行為によって望ましからざるとされた人物は直ちに排除していた。企業における職業的処罰の主たる機関は業種間地方委員会であった。職業別かまたは県の小委員会が前段階で予審した案件を受け取り、地方の枠を越える問題は業種間粛清全国委員会ＣＮＩＥに渡した。同数代表の原則（雇用者、技術者、従業員、工場労働者）により構成された地方委員会は、司法官の主宰下で県解放委員会の代表を加えた。各職業分野の個別的措置を適用しながら、企業を粛清する権限はこうした委員会にはなかった。昔も今も頻繁に起こる混乱の源泉であるこの役割は、確かにとりわけ金銭面で経済的粛清に課せられるものだった。

4 経済的粛清

本来粛清裁判所に属する（有名なマリユス・ベルリエ〔マリユス自動車工業の創始者。リヨン解放の翌日、この七十八歳のリューマチ病の老人は経済的粛清の象徴として逮捕、投獄された〕とルイ・ルノー〔ルノー企業王国の創始者。対独協力者として逮捕され、フレーヌで獄死。終戦後、ルノー社は国有化される〕の場合）が、また普通法（敵との商売取引に関して軽罪裁判所の介入可能）にも属するということに加えて、経済的粛清は主として不当利得没収委員会ＣＣＰＩに基づいていた。各県庁所在地に設置されたこの委員会は、県当局、国家の財務部門、県解放委員会の代表を集めていた。第一次世界大戦末に設けられた戦争利益課税にヒントを得た没収措置は、国庫に利益をもたらす一種の税務裁判だった。不当利得没収委員会は行政当局によって、また県解放委員会、さらにはさまざまな個人によって、案件を付託された。多くの点で、用いられた訴訟手続きは納税申告修正の手法に類似していた。最初の調査（事情聴取、多くの会計書類の分析）後、委員会は当事者に予定した一時的な没収金額を通知し、意見があれば申し出るように促した。そのときから、没収に、認定した事実の重大性によって課される罰金と、納税者の誠意の問題が加わってくる。この段階では、唯一可能な上訴は財務省にある不当利得最高委員会に対してである。これは、国務院部門長、国務院委員二名、一般会計局長と次長、財務行政調整官二名、全国抵抗評議会代表六名を擁し、次の各行政部門の事務局長と代表を加えていた。すなわち、直接税、間接税、登記所、国有財産管理局、印紙、価格統制部門などである。

小企業のレベルでは、企業の経済的運命がしばしば経営者のものと一体になり、没収はまた経営者の粛清となった。隣接する領域では、ジャーナリズムが解放時に徹底的な変化の舞台となった。実際、現行法（一九四四年九月三十日の法令）に応じて、占領下、北部占領地区で、一九四二年十一月以降は南部自由地区で発行され続けたあらゆる新聞は、解放時に停止された〔ナチ占領下、フランスは南北に二分されていた〕。新聞名の使用は禁じられ、財産は供託され、場合によって、許可された出版物に使われた。

5 議員の粛清

その責任ある立場を鑑みると、議員は、官僚同様に、フランスの再生には極めて必要不可欠な存在で、粛清に手加減を加えざるを得ない集団であった。だから、民主主義が戻って、最初の選挙が組織される前（市町村選は一九四五年春、県議選と総選挙は一九四五年秋）の、この暫定期間は市町村議会と県議会の作り直しによって特徴づけられる。十年近く前から選挙がなかった国では（地方選は一九三五年、総選挙は一九三六年、県議選は一九三七年が最後）、争点は三つあった。すなわち、危う分子を粛清すること、前回の選挙以降の辞職や死去で生じた空席を埋めること、戦前の政治的均衡を尊重しながらも、新議員団にレジスタンを加えることである。市町村議会に対しては組織的に行なわれたこの改革運動は、県議会に対しては控え目であったようだ。なぜなら、シャルル＝ルイ・フロンは、一九四五年三月には、臨時県議会があったのは四県だけと指摘しているからである（カルヴァドス、ウール・エ・ロワール、メーヌ・エ・ロワール、セーヌ・エ・ワーズの各県）。それに反して、国会議員の粛清は、一九四五年四月以降、名誉委員会〔議員資格復権のための行政裁判所〕の原則が導入されたにもかかわらず、極めて厳しいものとなる〔ヴィエヴィオルカ〕。仕組みはかなり単純である。一九四〇年七月十日、投票でペタンを権力に据えた「罪がある」全議員、ヴィシーが設けた公職や責任者の地位に就いた者（特に特別代議委員、県議会、全国委員会）は、おのずから欠格者、立候補不適格者と見なされた。しかしながら、もちろん、一九四〇年七月十日以後の態度で、特にその活動がレジスタンスのためであれば、これを免除されたのである。当時、名誉委員会は被選挙欠格を解除する権限があった。

＊＊＊

本章で示した粛清の大枠は、当時行なわれていた粛清プロセス全体をカバーするどころではない。包括的ではないにしても、より完璧であるために明確にしておくべきは、多様ではあるが、しばしば前のものと似通った方式により、粛清はまた文化やスポーツ界、社会団体、軍人、組合、政党などにも関係していることである。教会でさえ人間の裁きから免れるものではない。要するに、粛清は、あるいは言葉を変えて最小限に言っても、嫌疑や調査の原則が至るところに入り込み、社会のいかなる階層も先験的に免れることはなかった。そのことを理解したうえで言えば、粛清はまさに当初、可能な限り多数の人々に清算を求めるために考えられたのである。そうしながらも、これは異なった粛清の地層と構造に基づいており、それを我々は補完的にして競合的なものとして理解せねばならない。さまざまな粛清形態は細分化された閉鎖的なものではなく、自立したものだが、つき合わせ照合して見ることができる。多様な処罰例は頻繁にあり、この多形態の粛清を交差させた研究によってのみ、その実際の影響を測ることが可能になるのである。

粛清という大建築物は何階もあり、処罰は一階だけでも複数階でも、さらには全ての階で行なわれる。刑罰は行政的、職業的、経済的な処罰だけではなく、多様で、一面的なものではない。この粛清を多層的累積的に読解することは、これが当時の当局には長らく過小評価されていたが、今や我々はこの粛清群島を一つのシステムとして考えねばならない。それは完璧で複雑なシステムで、そこでは粛清運動の場の増大によって、相対的な一貫性、有効性さえもが保証される。基本的に、粛清は一国の法的新組織の礎となるものではない。その最初の意図はむしろ早く処罰して、過去のページをめくりたいということであった。粛清者は将来のために法律をつくるのではなく、アラン・バンコが指摘したように、「そのときに創設されたいかなる法律も、いかなる制度も恒久化するためにつくられたのではない。何ものも、不可時効消滅性ほど粛清に無関係なものはない」［バリュシュ編著］。粛清の独創性は例外と伝統の巧みな調合、別な言い方をすれば、大幅に例外的な法律と裁判権に基づいており、これを、新当局は合法性とそれに拠る法治国家に戻ることによって緩和しようとしたのである。例外性と合法性の共存は総体的には成功したが、なお戦争中で民主主義への移行過程にある国では安易なものでも、また必ずしも平和なものでもなかった。粛清が、司法的、経済的、行政的、職業的な何であれ、裁きを試みたのは国家の名においてである。そうであっても、公権力の遍在性は全能ではなく、またその介入はときには、部分的には無関係なプロセスに対して間接的にしか作用しなかったが、それでも時間的かつ空間的に、粛清の分化した性格の統合化に寄与したのである。

第三章　妥協の粛清

「法を書くことは容易である。だが法に拠って行動するのは容易ではなく、ときにはその権力を課して、同時にこの権力の道具を作り直さねばならない」。ミシェル・ドゥブレはこの考察を回想録の第一巻で述べているが、事を承知のうえで語っている。一九四三年に研究調査総合委員会のメンバーであった彼は、一九四四年八月十日から、アンジェの共和国地方委員として現実に対処すべく粛清を準備していた。非合法下で考えられた粛清と解放時の現場の経験の間のこの緊張感を通して、彼は粛清が、目標とするもの、訴訟手続き、異なった、ばらばらの当事者たちの間に常にある妥協をどれだけ対象にするのかを推測できた。粛清の意思はすぐさま、新権力が国家の秩序と権威回復のため維持しようとした政治的・社会的安定性の壁にぶつかった。国の再起と再建の観点で、新権力（共和国臨時政府、共和国地方委員、県知事）は以後満場一致の保証人、合法性の受託者であり、しかも彼らは新権力を生み出したレジスタンスだけの隊列に限られなかった。それに、一九四五年六月一日、ピエール＝アンリ・テトジャンがド・ゴール将軍から法務大臣ポストの内示を受け入れたのは、この精神状態に鼓舞されたからである。

「ただし、私は以下のように表明した。なお数万件の訴追が、実際には、愚か者か臆病者で、〝ヴェルダンの勝利者〟神話の犠牲者にすぎない被告人たちに起こされていること。それに四万人のレジスタンが、彼らの物差しで四千万のフランス人を裁こうとしてもできないこと。それゆえ、私は、自説を曲げるのではないが、できるだけ寛大な裁判を願っていること。ド・ゴールが全く賛成だと答えたので、私はその場で法務大臣になった」［テトジャン］。

では、経済的再建と国家機構の復活に必要な枠組みを保ちながら、議員選出・交替の意思にどう応えるのか？　どのように裁判をして、復讐の欲求に捌け口を与えるのか？　結局は、粛清プロセス全体がこの断絶と連続性、合法的粛清と必要な寛大さとの巧みな組み合わせを示している。国益と国是のために全フランス人を最大限結集するという願いは、当局によって頻繁に表明されたが、すぐさま粛清に限界をもたらし、不可避的な欲求不満を引き起こした。あらゆる合法的粛清の直接的または間接的な調整役である司法・行政の公権力は、多くは解放委員会がもたらす社会的圧力と粛清措置の対象となった団体の反応に合わせて、常に妥協せざるを得なかった。相棒になったり、競争相手になったりするこの当事者たちは、三角関係の中心にあって、それぞれが妥協の粛清に関与していた〔ベルジェール、バリュシュ編著〕。当初は、粛清は大多数に関係するものとして考えられたにしても、今やここでは、いかにさまざまな社会環境が粛清に対して平等ではなかったかを強調しておかねばなるまい。

I　中心と周辺部

国家の頂点における粛清のジャコバン的概念はすぐに、少なくとも初期には、地方によって異なる極めて多様な地域的現実と妥協せざるを得なかった。一九四五年一月初め、正規の枠外の共和国委員クロード・ブシネ＝セルールは南フランスの視察旅行から帰任すると、この困難をこう報告している。

「国家への敬意を持たせるだけの正規の力を持たない当局は、絶えず混乱を生む分子との妥協を強いられている（四か月前から妥協政策は対立することを避けているが、今やレジスタンの分裂を利用している）。当局は義務を果たしていた。だが、単に困難だけでなく、しばしば屈辱的な状況をもっとうまくは利用できなかった。責任者の任務は不毛で、成果はほとんど見えないが、それでも徐々に進んでおり、秩序の敵どもを効果的に蚕食し、弱めている」〔フロン〕。

国土のいくつかの地点では、解放後の数週間、さらには数か月経っても、憲兵隊も警察もまだ公共秩序と逮捕の独占権を手にするどころではなかった。一九四四年十月、マルセイユ憲兵隊の指揮官は、レジスタンス組織が「警察行為を憲兵隊行為に重ねている」、と告発している〔憲兵は国防省に属する軍人だが、農山村では民間の治安維持にも携わる、一種の公安官〕。同じことは、翌月リモージュでも見られた。「司法部門と警察に関しては……混乱した雰囲気が存続し、それとともに違法行動も続いている」〔ベルジェール、二〇〇七年〕。傍観者または当事者である憲兵は、民衆の処罰には無力なままであり、たとえ彼らがそれを指揮しているように見える時でさえそうである。前に見たように、大部分の地方で、この状況は特に解放直後のものだが、一時的には、一九四五年、合法的粛清の緩慢さとか寛大さによって、次いで戦争捕虜や強制収容所囚人の帰還によって同じ状況が甦った。

しかしながら、地域的には、正常化はときとしてマルセイユのようにもっと長くかかり、一九四五年十月、当地の憲兵隊指揮官はなおもこう報告している。「軍隊と無関係な組織、特に解放委員会の干渉が続いており、指揮権にとってなおも重大な妨げになっている」。隣接の領域では、行政的監禁所と国の刑務所が、少なくとも一時、パリを含めて、多かれ少なかれ非合法な監禁所と共存していた〔ベルリエール、リエーグル〕。監禁された者と投獄された者とのすでに曖昧になった区別が重なって〔デュゲ〕、この状況は「解放以後の監獄の（大）混乱」(5)の観を呈していた。

（5）P・プドロン『ヴィシー下の監獄』、ラトリエ、一九九三年、一九五頁。

結局、パリと地方とのときとして複雑な関係において、また緊急事態に対して、彼ら共和国委員の職務の枠を超えたイニシアティブを取る場合、合法性の境界域を越えるのを覚悟で地方当局の権限にも頼らなければならなかった。周知のことだが、自らの任務に積極的、さらには「行動主義的」な考え方を有する共和国委員〔フロンによると、オーブラック、ファルジュ、ドゥブレ、アングランなど〕はしばしば、世論の圧力の強い地方のトップにあって、徴発、接収、監禁に関して合法的な手続きを捻じ曲げることも躊躇しなかった。彼らの権力の自由裁量的で、ときには「権威主義的な」行使は街頭のはるかに仮借なき暴力行為を避け、防ぐことだけを目的としていた。アンジェでは、行政的監禁の慣行が最初の合目的性を逸脱して、ミシェル・ドゥブレによって特有の自律的な処罰方式に変えられた。ここでは、無実と有罪性の間を漂っている人々は、はっきりと刑罰前の行政的拘束〔知事命令による一時的な自由剝奪〕l'infrapénal と特殊な監獄センターでの拘禁処分 l'infracarcéral に区別されることになる。

「訴追なき行政的監禁や居住指定の処罰は、結果として、明確にはいかなる事実も、いかなる行為も非難されなくても、その道徳的または知的態度が嘆かわしいものであるとか、正規の居住地での自由な振舞いや行動が一種の公共のスキャンダルを引き起こすような人物に充てられるべきである」〔一九四四年九月十四日、共和国地方委員、ドゥブレ氏の通達、ベルジェール著、二〇〇四年〕。

もっとも、一九四五年初め、内務大臣アドリアン・ティクシエが「監禁は処罰するための刑ではない」と執拗に指摘していることは、おそらくアンジェだけがその誤った行使をしているのではないことの証左であろう。この例は、政府の言説と現地の現実とにズレが存在することを完璧に表わしており、現実は国土の諸地域において区分された戦略と状況のため、はるかに多様なのである。

完璧であるためには、また粛清も大きな物理的制約を受けたことを認めておかねばならない。ミシェル・ドゥブレが後に回想録でこう語っている。「通信手段もなく、車に十分なガソリンもなく、憲兵隊も警察もおらず（その何人かは強く非難されたが）、秩序の回復はすぐにはできなかった」。多数の粛清案件の急激な増加に対して、調査や裁判担当スタッフの欠如は至るところで明白だった。結局、迅速な復旧をという意思は、合法性を要求する声と相容れないことがすぐにわかった。事実を明らかにし、嫌疑者の権利を保障するために必要な調査に遅れがでたことが過小に評価されて、おそらく粛清に大きな害を及ぼしたのであろう。粛清もまた合法性のうちに没してしまったと言っても過言ではない。ピーター・ノヴィックによると、粛清が頓挫したことが認識されたのはこの状況においてである。

「対独協力者裁判法廷の作業を早く終わらせたいという希望は、書類の雪崩に押し流されてしまった。裁判開始の遅れと、そのために生じた不満で失望感が蔓延し、ある範囲内で解放一般の結果にまで害を及ぼし、これが後にはさらに悪化したのである」。

Ⅱ　粛清プロセスのちぐはぐな自己規制

粛清プロセスの国家管理に固有な諸問題以上に、始まった粛清に対する社会集団のばらばらの抵抗もまた、そのさまざまな総括の重要な変動要因となった。たとえば、粛清を行なうギルド的または序列化された職業的組織がないことや、内部に粛清意志がないことは集団組織の助けにはなったが、ただし、司法や行政当局への報告義務を全く免れたわけではない。この点で、どんな粛清もほとんど受けなかった教会や農業世界の例は明解である。逆に、多くの団体は、ときには圧力を受けて、粛清要求を免れても、その正当性や存続さえもが危うくなることを理解した。この切迫した要求は粛清担当部門（県行政当局、警察、司法当局など）内ではるかに顕著だったが、それは粛清プロセスの信頼性そのものにかかわるからである。しかしながら、粛清原則が必然的であると容認されるか、または仕方なく認められたときでさえ、多くの組織・機関は、まず内部で粛清を保証し、そうして集団の統一を守るために粛清プロセスの自己調整手段を設けた。その場合、少なくとも職業的、行政的粛清の範囲内で、所属の団体や集団に対する外部からのどんな介入も免れることが目標だった。これがいくつかの団体（弁護士、医師など）が辿った道で、それは憲兵隊や組合（特に労働総同盟CGT）さえもそうだった。

エリート層や幹部職に替わる能力の問題もまた粛清プロセスに影響した。クロード・ダブザック＝エプジの研究は軍隊を対象にしてそれを示した。最も多く粛清されたのは、専門性は低いが兵員の多い部隊で、それに対して専門性の高い部隊は「軍務の必要上」比較的免除されていた。まさしく「専門家の軍隊」である空軍は粛清の波をあまり受けなかった。同じく、付属する行政機関と職階制に占める位置が、非難された行為と照らし合わせて重要な基準となった。実際、国家の対独協力のために、行政機関は粛清に対して平等に位置してはいなかったが、それは、これが占領軍に対しては一層不平等だったからであり、それゆえ国家官僚は全て、同じ理由で訴追されなかった。ほかよりも目立ち、目につきやすい職務のため、警察や憲兵隊、知事、さらには司法関係者さえも、職務で遂行した行為そのもので真っ先に嫌疑を受けた。新制度とその長に対する忠誠の宣誓が示すように（憲兵隊や司法当局ではほとんど全員がそうした）、少なくとも当初はヴィシーにほとんど抵抗を示さなかったが、結局は道具にされたこれらの団体は、大抵は本来の任務から逸脱させられていた。占領下で、彼らはその行動を抑圧と迫害のロジックに組み込んでいった。多くの場合、彼らはあまりに熱狂的、あまりに政治的、あまりに抑圧的に命令を出したり実行したりしたと非難された。逆に、日常的妥協の恐れが比較的少ない、より専門的な行政機関で、人々を粛清委員会に立ち至らしめたのは、職業的慣行とは無関係な理由や個人的義務からであった。

あまり危険に晒されていない職務、すなわち、ドイツ人と直接関係しない部門におけるこの自己防衛能力は、政府高官にも存在していた（たとえば、会計検査院）。治安警察や司法関係者の間に広まっていた訴えは、郵便配達夫や銀行員、さらに教師たちに対するものと、同じ観点からは取り上げられなかった。防衛方式としてまことに便利な、単なる服従の文化を超えて理解するには、まず国家への奉仕において示された職業的、政治的熱意を評価しなければならない。志向性（意図的行動）と職務意識、あるいは法律尊重主義と忠誠心の間で揺れるこの微妙な曲芸師的な動きにおいて、幹部官僚は一挙に危機に晒されていることを認めざるを得ない。したがって、最低限自分の職務を果たすだけの下級官吏は、職務とは無関係な個人的義務を除いて、上司ほどには行政的粛清を恐れる必要はなかった。だから、いくつかの訴えや集団だけを特別視すると、粛清が法の前の市民の平等原則を否定することになる。それはまた反祖国罪の刑罰についても真実で、これは、そうした職業上の出来事によって、全く同じように役人と農民に科せられるものではない。おそらく粛清に内在するこの社会環境による不平等は、現場から遠い中央官庁の同僚よりも、民衆とか占領者に直接、さらには日常的に接する役人に関係するものだった。必然の、ほとんど自然な結果として、官僚の地位と階級的立場に影響する年齢はまたよくある決定因子となり、この現象に、「より年上で、より地位が高く、より粛清される」という公理による世代交代の次元をもたらし、若返りの力学を助長することになる。この現象は特に軍隊と憲兵隊で、わけてもその階級における年かさの将校に顕著に見られるものであった。

Ⅲ　曖昧な輪郭の処罰原則

結局、多くの点で、粛清の司法的・合法的な枠組みが、いかに単なる防護柵にしかならないことを強調しておくのは重要である。司法手続きはまた、刑法上の伝統と通常の職業的慣行に訴えることにより、裁判権の例外性を弱める司法官の能力も示すことになる。問罪の柔軟性と法文の相対的な弾力運用によって、裁判所は評価の一半を留保し、それを多くの場合、正義と公平さを現実的に勘案して用いた。厳罰あるいは逆に無罪放免の大量宣告を避けるため、しばしば処罰を調整することが目標だった。両者の場合とも、不均衡が明白となれば、裁判は失敗であろう。概して、下された刑罰の広がりそのものが、裁判官の以前の実践の経験則で解釈した条文適用の一環である。刑法七五～七七条はほとんど問題にならず、通常は重罪刑、死刑、特に強制労働によって厳罰に処せられる裏切りやスパイ活動を抑制して扱っていたのである。

それに対して、国家対外安全保障侵害罪（ASEE）と反国防不法行為（ANDN）を対象とした七九～八三条の問罪は、違反行為の時期を明確に区別して、より緩和的な措置を促していた。戦時は前記の問罪のほとんど全てを犯罪として処罰するよう強いていたが、平時にはこれらは軽罪となった。裁判官は、この立法者の勧告のあまりに厳格な適用がはらむ危険をすぐに理解した。それゆえ、彼らは可能なあらゆる条項を、特に情状酌量の適用に用いて、条文を若干曲げ、ときには戦時と平時の区別を無視して例外的性格をなくす覚悟で、犯罪だが軽罪的な刑罰階梯を新たに生み出したのである。法律上密告を「犯罪」と呼ぶことの困難さはまた、この評価の幅からきている［べルジェール、ジョリ編著］。

全てを複雑にしながらも、非難された事実は多くが、対独協力の単純にして明白な事実を超える基準に基づいて定義づけられていた。フランソワ・ルーケ［一九九三年］は正当にも、いかに行政的粛清の案件が「客観的状況と錯綜したイメージの混淆物」の観を呈するかを強調し、「公式条文が提起したものと、フランス人が考えたような対独協力のより曖昧なものとの複雑な混淆である対独協力の定義の二重性を再現してみせた」。だから、特に行政的、職業的粛清はしばしば、占領下の実際か、または推定された行動と、民衆の信頼や職業的能力のような外的ファクターを同化するのである。結局、「粛清」の概念自体が柔軟なものであり、ときにはその名を表に出さない能力も認めなくてはならない。

たとえば、多くの地方で、教会は粛清が内部でも外部でも、決して優先課題の対象とはならず、「同毒療法的総括」に寄与したが［フィユ］、密かに当局と交渉し、いくつかの強制移動や隔離を受け入れざるを得なかった。同様に、多くの行政機関や企業では、公的な粛清と並行して、非公式な粛清形態に頼ったが、これには自由裁量というメリットがあった。すなわち、懲戒処分、更迭、降格、「自主」退職などである。こうした粛清の偽装形態は数量化しがたく、ましてや数量化されたこともないが、内部では一種のトラウマとして長らく記憶にとどめられていた。かくして、一九四五年から四七年にかけての幹部職排除法は先験的に、もっぱら技術的、予算的な目標が理由とされたが、警察と軍隊における粛清の影響を意図的に悪化させた。もっとも、警察の「隠れた粛清」や、憲兵隊と軍隊の文字通り粛清の「補充調整期間」という噂もあった［ダブザック＝エプジ、ベルリエール、二〇〇一年、ベルジェール二〇一〇年］。

＊　＊　＊

粛清はすぐさま矛盾した目標——少数派の排除と最大多数の結束、合法性と例外性、公正さと迅速さなど——に見舞われたので、新政府にとっては、これが一挙に譲歩に甘んずるプロセスとして立ち現われた。立法者は、民衆同様、果たすべき務めの広がりと複雑さをひどく過小評価していたのだろう。もっとも、昔も今も、フランスにおける粛清のイメージを乱し、曇らせたのは、拘束的状況の重みに対するこの慢性的な過小評価である。しかしながら、ピーター・ノヴィックとともに、「全体的な粛清の放棄が粛清の全体的な欠如を意味しているのではない」ことは認めておこう。

第四章　広がった社会現象

粛清は、その最初の局面から圧倒的な広がりを有する社会現象だった。それは今や、歴史記述の主要な研究成果で、さまざまな形態の合法的な粛清の総括がその証拠であるが、追及された民衆と処罰された民衆の比率もそうである。また粛清がいかに幅広く社会団体のさまざまな組織に広がっていたかもわかる。いくつかの既成観念に反して、粛清は幅広き層を狙い、高きに達していたが、特に女性に対して抑圧的だった。

I　処罰された民衆をはるかに上回る追及された民衆

まず率直に言っておこう。解放時に追及された人数は処罰された者の単なる統計数よりもはるかに多かった。要するに論理的に当然のことだが、長らく無視され、粛清の実際の反響を過小評価する恐れがあった。

それゆえ、マルセル・ボド〔一九七六年〕が一九四四年九月から翌年四月、行政命令によってフランスで監禁された者を一二万六〇〇〇人とするとき、彼はおそらくこの現象の広がりの下限の数字を挙げたのだろう。ドゥニ・ペシャンスキ〔二〇〇二年〕は、「約五万人の被監禁者に達した、一九四四年十二月がフランスの監禁収容所の歴史のピークとなった」ことを確認している。以後、手に入るモノグラフィーは、この束の間だが大量の訴訟手続きが確かに極めて多数の人々に影響したことを証明しつつある。ロラン・デュゲは、一九四四年九月から翌年十一月に、マルセイユを中心とする地域圏ＰＡＣＡ（プロヴァンス・アルプ・コートダジュールの略称）の六県の監禁収容所に一万から三万五〇〇〇人が一時収容されていたと推計している。国家レベルでは、平均して三人に一人の被監禁者だけが裁判所送りになったことを見ると、それは、大半の被監禁者にとって、行政命令に基づく自由剝奪が唯一または主たる処罰であったことを意味している。したがって、数万人の嫌疑者が多かれ少なかれ明らかな理由で逮捕され、次いで大部分の場合、数週間か数か月間、監視付きで滞在センターに収容されたが、ある者は「戦争中」ずっと、すなわち、一九四五年夏まで拘束されていた。

類似した力学によると、これもまたひどく無視されているが、公訴棄却された案件の問題はほとんど全く扱われなかったのに対し、対独協力者裁判法廷と特別民事部で裁かれた案件でも、実際に開かれた公判全体の四〇パーセント強にすぎなかった。しかしながら、この一貫した大量の案件（一八万件）は、予審前後に、多少の差はあれ、早々に既決と葬られたが、検討に値する。たとえば、アンジェ地方の例で言えば、予審後、対独協力者裁判法廷で公訴棄却とされた案件の研究では、法的粛清の最終訴訟には現われない、こうした人々が行政的に監禁されたか、あるいは留置令状で仮拘禁に置かれた者の半分以上だったことが明らかになっている［ベルジェール、二〇〇四年］。ここでもまた、この「粛清可能」だが必ずしも粛清されなかった人々が著しい割合で、単に調査や尋問のための逮捕だけでなく、投獄を経験したのである。彼らはまた、アンジェでは、予審免訴の決定の半分以上が一九四五年八月から四六年八月、つまり最善の場合でも実際の県の解放後一、二年経ってから下されたことを考えると、外見以上に厳しく追及されていたのだった。

また、公的粛清の前後に起こった悪質な処罰形態を考慮に入れることが、絶対に必要である。解放は、行政機関でも企業でも、職業的な不安定状態をもたらしたが、たとえば、憲兵隊では、それが隊員の多種多様な強制移動・配置換えになって現われた［ベルジェール、二〇〇七年］。司法界では、アラン・バンコ［バリュシュ編著］も、公的数字以上に、多数の非公式な措置が「生み出したトラウマ」を指摘している。すなわち、「外部からは見えず、取るに足らないものだが、地位と昇進に憑かれた職業世界では、極めて重大であるか、苦々しい処罰」、である。

II　なおも大量の処罰

さまざまな形態で行なわれた合法的粛清の圧倒的な性格を明らかにするには、次の一覧表を見ればよい。法的な面では、裁判にまでなったフランス人は約三五万人、一件あたりにすると一三〇人の割合である。前述したように、確かに、多くの案件が結局は公訴棄却で一件落着となったが、それでも裁判所の最終報告は無視できないもので、一三万人近くが裁かれ、そのうち四分の三（七六・四パーセント）以上が有罪判決を受けている。それどころか、処刑者数一五〇〇人、対独協力行為のため、さまざまな形態で投獄された者四万人以上、また主要な名目か、第二義的な名目で公権剥奪に処せられた市民九万五〇〇〇人の数字を見れば、粛清は、比較的短期間に、フランスの刑罰・監獄史における例外的、さらには「異常な」シークエンスの観を呈しているのである。

主要な粛清者数

少なくとも行政命令で一時的に逮捕・監禁された者	120,000
裁判になった件数	311,263
対独協力者裁判法廷と特別民事部で裁かれたもの 　そのうち、対独協力者裁判法廷で裁かれた件数 　そのうち、特別民事部で裁かれた件数	127,751 57,954 69,797
無罪放免あるいは釈放件数 　そのうち、特別民事部で有罪判決後、「レジスタンス活動」のため放免された件数	29,361 3,184
死刑執行者数 　内訳　対独協力者裁判法廷 　　　　高等法院（ラヴァル、ダルナン、ド・ブリノン） 　　　　軍事法廷(6)	約1,500 767 3 769
投獄刑（懲役刑、禁錮重労働刑、強制労働）	40,000
公権剝奪	95,000
行政的粛清で処罰された公務員数	22,000 ～28,000
処罰された県知事 　そのうち、組織から追放された者	209 166
処罰された司法官 　そのうち、組織から追放された者	400 230
処罰された憲兵将校 　そのうち、組織から追放された者	240 160
被選挙権資格なしと宣告された国会議員	321
不当利得没収委員会への召喚件数	123,000

典拠資料：1951年1月31日付の対独協力者裁判法廷・特別民事部の公式最終報告書［ルッソ著に引用、1992年］、県知事、司法官、国会議員に関するデータとしてはアラン・バンコ、マルク＝オリヴィエ・バリュシュ、オリヴィエ・ヴィエヴィオルカ［バリュシュ編著、2003年］、公権剝奪数についてはアンヌ・シモナン［2008年］、不当利得没収件数と憲兵将校についてはベルジェール［2008、2010年］。

（6）軍法会議の場合、この処刑数（データによって七六六か、七六九件）は部分的かつ不確かで、補足的研究を要する。

量的な次元を超えて、被告人席に座りに来るのはまさにフランス社会全体であることが確認されるが、おそらく多くは、民衆層よりも中流または上流階層（商人、技能職人、官民の幹部職、自由業、経営者など）が座るであろう。実際、裁かれた民衆の社会学は、当時の社会における彼らの位置に照らしてみると、労働者や農民にむしろ好ましいズレを示している〔ベルジェール、二〇〇四年〕。そうではあっても、「ほとんど至るところで、裁判所に行き着くのは弱者や下層民のようだ」〔ロットマン〕と言うことは不正確だとしても、判決のときに「お偉方は助かっても、下役はわりを食うのだ」と主張することは、全く間違いというのではない。常に微妙なこの点についての結論として、また補足的研究を待つとして言えば、粛清は、たとえ処罰がもっと不平等なものであったことがわかっても、まさに社会全体に及んでいたのである。

要するに、下役だけが追及されたのではなくとも、やはり彼らはしばしばひとよりも重い処罰を受けたのだ。それでもこの自明の理の一貫性のなさを強調し、特にあらゆる社会的決定論〔個人に対する社会の優位性を想定し、人間の行動は社会的影響の結果であるとする説〕に従う前に、非難された事実との照らし合わせが必要であることを繰り返し言っておかねばならない。確かに、とりわけ事実への極端な関与・参加の形態と時期との相関関係を見るとおそらく、下役以上に、高い代価を払ったのは徹底抗戦論者であったことがわかる。遅れて参加し（一九四三～四四年）、戦闘的行動を重視するこの少数行動派が最若年層と民衆社会から選ばれたことは、やはり周知のことなのだ。

したがって、この急進的行動主義者が手を汚しているあいだ、ほかの、多くは年長で社会的地位もある者はより慎重に参加するか、手はきれいなままで都合よく忘れられたのである。空間的角度から見ると、対独協力、つまりは粛清が都市的性格の刻印を押されていること以外には、司法的粛清の地理上の区分は何も確かなものには行き着かない〔ノヴィック、ルーケ、ヴィルジリ〕。ただし、後述する女性と粛清裁判の関係と、大西洋の防御線のいくつかの窪み（ロリアン〔ブルターニュ半島南端の軍港都市〕）の特例と、さらには、粛清によって、第三帝国に併合された領土を恒久的に脱ナチ化することを明確にしたアルザス・ロレーヌを除いて、である。無罪放免、あるいは逆に厳罰という形をとる、この極めて難しい粛清地理はおそらく、外見よりもはるかに複雑で微妙な、各裁判所の法解釈を虚ろなものとして示すことになろう。

行政的粛清に関して、数字の闘いはむし返さず、フランソワ・ルーケ〔一九九三年〕が初めてその総括を見直して、処罰された公務員数を、国営企業を考慮することの有無により幅を持たせて、二万二〇〇〇～二万八〇〇〇人（実員数の一・四～一・八パーセント）とした功績は認めねばならない。したがって、以後は広がりが明白なものとなり、処罰された者の半数近くが解雇されているのだから、行政的粛清には特に中央省庁間で大きなばらつきがあることがわかったが、ときには同じ省庁でも、教育省のように、大学人が初等・中等教員よりもはるかに多く処罰されたのである〔ルーケ、二〇一〇年〕。変動はときには省庁間でも極めて大きく、たとえば、内務省や法務省は公務員平均を一〇倍近く上回る処罰率を示していた。先に見たように、行政機関は粛清に対して平等ではなかったので、国家的対独協力に深く巻き込まれた組織体における粛清は、初期には深刻かつ重大なものとなったのである。

たとえば、一九四〇年六月十六日から一九四四年八月二十五日にフランスで奉職していた県知事二七五人のうち、七六パーセントが処罰され、一六六人は公職から追放された。治安維持機関は格別狙われた。全警察組織（警察庁、国家地方警察、警視庁、機動予備隊GMR〔ヴィシーが創設した軍隊式部隊〕など）とあらゆる粛清形態を織り交ぜて——幹部排除法も含めて——、四万人近くの警察官が粛清処分を受けたと推定されるが、これはフランソワ・ルーケが提示した数字をさらに見直させるものである。もっとも、ジャン＝マルク・ベルリエールの研究は、最も多く処罰されたのは政治的抑圧に頻繁にかかわり、職階も上の警察官だったことを示している。同じことは憲兵隊でも確認されるが、ここでは地位が高くなればなるだけ、処罰される蓋然性が高まった。憲兵と下級憲兵将校の約五〜一〇パーセントが捜査に付されただけなのに対し、憲兵将校の二〇パーセントは行政的粛清だけを受け、彼らの一五パーセント近く（一二〇〇人中一六一人）が幹部職から外された。

司法界も似たようなもので、総員の約一五パーセントの処罰率で、六〜一〇パーセントが幹部職から追われた。ここでもまた、粛清は高きを狙い、第一に法務省の局長や裁判長クラスが標的になった。隣接の領域では、議員が見せしめになることが期待されて、大量の政治的追放をもたらした。三二一人が被選挙権資格なしと宣告され、すなわち、それは戦前の議員定数の三分の一で、半分以上が一九四〇年七月十日、ペタンへの全権委任に賛成票を投じていた。もっとも、一九四〇年から一九四五年、一七三人の議員が死去していることを見ると、占領時代―解放のシークエンスが政治階級の抜本的な交替に道を開いたことがよくわかる。

同じだけの証拠資料が量的かつ質的な面における粛清の広がりを示しており、その意味で、フランス社会のいかなる集団も先験的には、粛清の脅威を免れられなかった。公職以外に、あらゆる職業や職業集団（医師、弁護士など［イスラエル］）は、有無を言わさず、占領下におけるその態度の検証を行なった。民間部門全体の総括的報告書はないが、それでも粛清が先験的に企業主、幹部、金持ちや権力者に免除されたことはない、と言える。それを納得するには、粛清がまた、ときには厳しく、いかに知識人社会［アスリーヌ］や文学界［サピロとバリュシュ編著］、さらには芸術界にも課せられたかを見れば十分である。それゆえ、有名人や当時噂になったような「スター」さえも粛清を免れられなかったのである。

Ⅲ　経済的粛清も確かに起こった

解放時に世論に要求された経済的粛清は、昔も今も、大きく広まったと見なされていた経済的対独協力と、長らく控え目どころか、取るに足らないものとされてきた経済的粛清との明白なズレのため、批判されたままである。最近の研究は全て（地域または部門別のモノグラフィー）は一致して、経済的粛清はなかったという見方に異議を唱えている。だからむしろ、エルヴェ・ジョリのように、「経済的粛清は確かに（一時的にだが）存在した」［バリュシュ編著］し、また解放時フランスに「経営者層の静かな圧力」[7]があったというようなことは、不確かであるとする考え方もあったのである。

（7）P・ミオシュ「企業」［ビュトンとギヨン編著］。より正確には、ファブリス・グルナール、フロラン・ル・ボット、セドリック・ペランが、彼らの最近の『ヴィシーの経済史』の第一一章で、逆に経営者も庇護下にはなかったことを明らかにしている。

ここでまず想起しておくべきは、強い社会的要求によって激化した多くの「緊急な」処罰が、解放時に社会的な面で、解放委員会や内部の粛清委員会のイニシアティブによって、企業（課税、口座閉鎖、供託、没収、徴発など）や経営者個人に対して科されたことである。解放時の「革命的」

［マンシュリニ］雰囲気において、フランスの多くの地点で、企業主や幹部は罵られ、職務停止され、逮捕され、監禁され、ときには略式処刑された。ある者は権威主義的な行き過ぎや社会的意識の欠如のために、本当の対独協力行為や裏切りと同じような代価を払ったのである。今一度言うが、緊急に、一種の企業内の「内輪で」とられたこうした保守的措置の社会的反響を無視したのは誤りであっただろう。単にこれが該当者にとって明確に処罰を意味しただけでなく、しばしば彼らに地理的または職業上の移動の形を課すことになるからである。

それ以上に、合法的粛清の際に、その経済的次元は、たとえここで経済的粛清はおそらく法的というよりもはるかに職業的、特に金銭的であったと認めざるを得ないとしても、忘れられるものではなかった。実際、ルイ・ルノーやマリュス・ベルリエ事件のように、森を隠す樹が何本かあった、つまり大罪を暴く証拠があったにもかかわらず、粛清法廷にとって、経済的対独協力を裁くのはあまり気分のよいものではなく、大半の訴訟案件は公訴棄却だった。業種間粛清地方委員会ＣＲＩＥが扱った、もっと多くの案件は特に、占領下の個人的行動を裁くことを使命としていたのである。

ここでまた、狙われた人物たちが企業内の一種の逆ピラミッドのヒエラルキーをなすことが確認される。たとえば、パリの業種間粛清地方委員会は四八八九件を調査したが、その二二パーセントが労働者、一二パーセントが事務職、四五パーセントが幹部職か技師、二一パーセントが雇用者だった［グルナール、ル・ボット、ペラン］。したがって、例外を除いて、厳密な意味での経済的対独協力というよりも政治的とか個人的な関与が問題だった。一万件近くを付託された全国委員会と地方委員会は、案件数でも宣告された処罰でも、極めて多様な状況を示している。それに、案件の三〇～六〇パーセントの処罰率と、多くは限定的で、象徴的でさえある懲罰レベル（譴責処分）を見ると、「業種間粛清地方委員会の相対的な寛容さと結論づけるしかない」［グルナール、ル・ボット、ペラン］。このことに意を強くして期待された、実際の経済的粛清も結局は、ただ不当利得没収活動だけに基づいていたのである。

当初は、敵との取引や経済的な規則違反、特に闇市場で得た利益を没収する幅広い権限を与えられた没収の法解釈は、後にはこの訴訟手続きの厳密に粛清的な方針を絶えず強調し続けた［ベルジェール、二〇〇八年］。そうなると、このプロセスの圧倒的な規模に驚かされる。後述のような多くの裁判権放棄を見ると、県委員会はやはり一二万三〇〇〇件の召喚状を扱ったが、その二〇パーセントが不当利得没収最高委員会への上訴対象となった。この不当利得没収最高委員会の二万四〇〇〇件は、最も狙われた部門が、確かに限定的だが、それでも全国な規模であることを垣間見させてくれる。実際、意外さに驚くことはないが、食品関連業、ホテル・レストラン、建設・公共工事、運輸などの業種は、戦時中の欠乏と配給制の社会で、最も危機に晒されたものとして立ち現われた。もっとも、これらが、解放時に最も疑われ、告発された職業別社会階層であることは、周知の事実である。

一二万三〇〇〇件の召喚状という数字は、実際に没収のために追及された人数の最小限の推定を示しているだけに、より一層注目すべきであり、それも少なくとも二つの理由で注目に値する。一つは、法人の召喚の場合、複数の個人が捕えられ、対象となった処罰に「連帯責任がある」と宣告されることが頻繁にあったこと。もう一つは、さまざまな県で続けられた訴訟手続きを注意深く検証すると、過剰な案件に対処するため、委員会が小規模なものや闇取引関連の事件を普通税部門に回しがちであることがわかった。着手された多くの案件とは別に、こうした没収が多額の金銭を対象としていることを強調しておくのも重要である。これに関して「大失敗」と語ったピーター・ノヴィックが引用した一二〇億フランの没収と罰金どころか、実際には、この「税務裁判」の課税対象金額の総計は一四〇〇億フランの高みに達していた。もちろん、目のくらむほどの数字を前にして、これがどれほど支払われたのかは疑問である。確実なことが一つある。すなわち、この税金徴収は極めてちぐはぐで、大半が未回収のままだったことだ。しかしながら、手に入る資料によって、一九四八年の第一四半期、三〇〇億フラン以上が国庫に納められたことがわかる。より一層意義深いのは、同時期に、八万七〇〇〇件の最終決定のうち、六万四〇〇〇件がすでに債務者から全額納入されたことである。これは、少なくとも処罰された納税者の半分が不当利得分を完全に返済したことを確認できる、一つのデータである。

最後になるが、経済的粛清と政治的粛清の間にあって、ジャーナリズム界は解放時に前例のない大変換期を迎え、その九割近くが経営者を変え、多くは刊行物の名称さえ変更した。そうではあっても、問題は「政治的革命よりも所有権の革命」〔ベルジェール、二〇〇四年〕で、この新ジャーナリズム界はレジスタンたちが期待したような高みには必ずしも達しなかった。それでも、一九四八年末には、一二七の日刊紙を出す五三八の新聞雑誌社が法廷に訴えられたものと、推定される。そのうち一一五社が資産の全額か一部没収に処せられ、三九三社が予審免訴か公訴棄却の決定の恩恵に浴し、三〇社が無罪放免となったのである。〔コワンテ、二〇〇八年〕。

Ⅳ　粛清とは男の問題か？

一九九五年の雑誌『クリオ――歴史、女性と社会』〔現『クリオ――女性、ジェンダー、歴史』の旧名。半期ごとの女性の社会史専門誌。クリオとはギリシア神話の歴史の女神〕の創刊号のタイトルを思い出すと、当然ながらこう問いかけたくなろう。「解放！　一九四五年、女性にとってどんな解放？」。女性がやっと投票権を手にしたとき、解放に特有な雰囲気のため、女性の粛清が私的な裁きと公的な裁きの境界面に置かれ、しばしば二重処罰の危険があった。そうなると、二律背反的に、解放―粛清の連鎖現象が女性に対して特に抑圧的なものとして現われてきた。二〇県を対象とした調査によると、女性は全国レベルで、対独協力のため裁判なしで処分された者の、少なくとも二〇パーセントを占めていたが［ルクレールとウェインドリング］、すでにブルターニュで記録された裁判ぬきの略式処刑の三分の一以上が女性だったことも留意しておこう［カプドゥヴィラ］。それに隣人関係の領域では、大いに疑われた女性は前例のない民衆の性差別的な暴力を受けており、なかでもファブリス・ヴィルジリが二万人と推定した丸刈りは、フランス全土で国民の報復感情爆発の捌け口となっていた。合法的粛清はそれ以上に女性に容赦しなかった。彼女たちはすでに監禁された住民の三分の一近くと粛清裁判所の被告となる者の四分の一以上を占めており、その出廷率は、平時と普通法裁判で記録されたもの、つまり、十九世紀末からの約一〇パーセント平均を大きく上回っていたのである。

それでもなお、この出廷率二六パーセントの国民平均は地域の大きなばらつきを覆いがたく、旧北部地区では、女性がいつも対独協力者裁判法廷と特別民事部で裁かれた件数の三〇〜四〇パーセント以上を占めていたことを記しておかねばならない。ただこの場合、占領時代の期間と占領者と日常的に接するという重みが女性に対しては、明確に不利に働いている。フランスの刑法や監獄の歴史において、女性がこれほど多く告訴されたり、投獄されたりしたことは決してなかった。裁判所が、非難された事実に一貫して公正さを保ち、女性に特に厳しい態度を示したようには見えなくても、この女性たち全てが男だけか、ほとんど男だけで裁かれたことには、やはり当惑させられる。実際、女性も対独協力者裁判法廷で陪審員になることができるようになったとき、この問題に関心を持ったごくわずかの研究は、女性がそこにいなかったか、わずかに席を占めていただけであることを確認しつつある［ベルジェール、二〇〇四年。カプラン］。解放されたフランスの男性的想像空間が明らかに存在しており、粛清は男の道徳的・社会的・刑罰的秩序の回復過程の趣を呈していた。結局、根強い伝説に反して、女性は一貫して、特赦によって極刑を免れることはなかった。彼女たちの数十人は対独協力行為に積極的に関与したため、合法的裁判のあと処刑されたのである。

＊＊＊

たとえ合法的粛清のデータが厳密に累積的なものではなくとも、同じ個人が同時に行政的監禁、裁判、職業的あるいは経済的粛清にかかわることがあるので、データは不完全にしか検証されないことも、また周知のことである。それゆえ、粛清とその総括の社会史によると、なにがしかの時に粛清措置の支配下にあったフランス人は四〇万から五〇万人いたと推定されるが、ましてやその民衆的次元を考慮すると話は別で、数字が膨らむ。これは、粛清の直接的な影響と記憶へのこだまが我々のところまで届くだけの、十分大きな広がりを有する。こう指摘しながらも、ときとしてなおも息長く続いているいくつかのイメージとはかけ離れて、この章は粛清のあまりに単純素朴な読解をしないよう戒めるものでもある。だから、粛清が弱者には強く、強者には弱かったなどと主張し続けることは事態を単純化し、部分的には不正確なのである。しかしながら、解放時の女性の逆説的な状況を見ると、占領下の態度のために、「女性は、肯定的にも否定的にも、象徴的存在として認められた最初のフランス人だった」［カプラン］、と強調することも可能になるのである。*

* ちなみに、第二次世界大戦はフランス人女性の社会的地位を制度上は大きく変えた。一九四五年四月、婦人参政権が確立したのである（日本人女性も半年後の十月に獲得）。フランス人女性は、戦争勃発一年前までは、夫の許可なしでは大学の入学登録はできず、銀行口座も開けず、小切手の扱いもできなかったという。「占領・レジスタンス・粛清」という三位一体の逆境の試練を経てやっと市民としての基本的権利、人間としての尊厳を得たのである。ただその後もしばらくは、夫は妻が何らかの職業に就くことに反対できたというし、ましてや政治の世界とは無縁であり、戦後社会における女性の社会進出の道はいまだ遠し、だったようだ。そうした社会的弱者の女性が、解放後の粛清では大きな害を被るが、丸刈り女はその象徴であろう。

第五章　粛清を脱する

本章は粛清の二つの逆説的な次元を示すものである。一つは、粛清はしばしば信じられているよりも、はるかに持続的であること。もう一つは、粛清が長く数か月、いや数年間も続いているときでさえ、その勢いが弱まり始めていることである。誰にも、この早期の「脱粛清」（特赦、減刑、恩赦など）［バンコとバリュシュ、バリュシュ編著］が、宣告された処罰と実際に受けた処罰のズレを増大するため、粛清の当初の総括の理解をかき乱したことは明らかである。同じ理由から、長引く粛清と「脱粛清」のこのいささか分裂病的な共存は、出来事とその記憶の認識を妨げる一因となった。

I　持続的粛清

粛清が長引いたという現象は今では歴史家のよく知るところである。先に触れたが、粛清、さらにはその脅威が、出現するのに必ずしも解放を待つことはなかったことは、すぐにわかった。それ以上に、法的粛清と時期との関係の問題は真摯に考えてみるに値する。昔も今も、一般に認められた意見によると、確かに一九四四年よりも四六年に裁かれる方が好ましい。ある論者たちは、そこに粛清プロセスの基本的な不均等の一つさえ見ている。「時が経つにつれて、法廷の厳しさは和らいだ。その状況はこの上なく明白だった」〔ロットマン〕。それは高等法院にとっては事実で、これほど明らかなことはないが、ただ対独協力者裁判法廷の場合には、含みをもたせるに値する。実際、国家レベルでは、対独協力者裁判法廷の厳格さには、いくつかのピークがあったことが記録されている〔ヴェルジェ＝シェニョン、二〇一〇年〕。最初の、そしておそらく最大のものは、民衆的粛清と法的粛清の始まりが重なった影響で、解放時から生じていた。つまり、「レジスタン」法廷、軍法会議〔特に戦時中の臨時の特別軍事裁判で、多くは略式即決だった〕、〔正規の〕軍事裁判所、さらに世論に印象づけるために模範的であろうとした対独協力者裁判法廷の最初の審理などがあちこちで起こったのである。

しかしながら、別の厳格さのピークもはっきりとしており、特に一九四五年春、ドイツからの帰還民（捕虜、徴用者、強制収容所囚人）が戻り始めたときからだが、一九四六年末からも、である。後者は、確かに数ははるかに限定的だが、重罪すぎるか、すでに上訴になっているため、なお未解決の案件の清算局面に影響されていた。それゆえ、「一九四五年三月から、しばしば寛大さが優っていた」というハーバート・ロットマンに反することになるが、例を挙げれば、アンジェの対独協力者裁判法廷は、執行を伴う死刑判決のほとんど全てを一九四六年一月一日以降に宣告している（九件のうち七件）。この日付で、多くは解放直後に生じた民衆の圧力下で下された評決について語るのは困難である。しかるに、アンジューでも、フランスのほかと同様、一九四七年になお対独協力者が銃殺刑に処せられていたのである。

もっとも、それは一九五〇年代の初めまで続いたケースである。たとえば、一九五四年五月二十二日、軍によってヴァンセンヌの要塞に移されたポンプ通りのゲシュタポの手先の三人のコラボ「ルーケ、ヴィルジリ」がおそらく粛清で最後に銃殺された者である〔この三人とは、パリのポンプ通りを拠点にした、ドイツ軍補助兵員フリードリヒ・ベルガーに雇われてゲシュタポの汚い下働きをしたフランス人コラボのごろつき・悪党集団の一員。特にレジスタン多数を逮捕・拷問・銃殺・強制収容所送りにした。なお、この一味のなかにはJ・コクトーの愛人もいたという〕。ただ反対推論方式で言うと、同じアンジェの対独協力者裁判法廷が宣告した無罪放免を調べると、逆の現象にぶつかる。この宣告は最初の年度に大量に下されたが（一九四四年十二月〜一九四五年十二月に九三パーセント）、次年度以降（一九四六〜一九四八年）は付随的に下されたようだった（全体の七パーセント）〔ベルジェール、二〇〇四年〕。類似した力学において、アンヌ・シモナンは、一九四五年と四六年の反祖国罪に関する法律の相次ぐ修正は、「逆に、戦争から遠ざかるにしたがい、ますます刑が厳しくなることを示している」と指摘している。

結局、初審で下された欠席裁判による粛清は、一九五〇年代に軍事裁判所での新たな訴訟手続きに移るが、一九六三年からは国家安全保障法廷にも移行された。したがって、フランスでは、一九五〇年から一九六〇年にもまだ粛清問題が裁かれていたのである。かくして、国家安全保障法廷は粛清案件の残りものを付託され、一九六三年から一九七七年に一二〇件を扱っていた〔ヴェルジエ＝シエニョン、二〇一六年〕。いくつかの派手な裁判（バルビエ、ヴァスール〔いずれも有名なコラボ〕）は一九六〇年代初めに司法上の話題になったが、再び対独協力行為のため死刑判決に処せられた。後になって再び裁判に付され、重大な危機に陥ったこの連中は、一九六六年、ド・ゴールが与えた恩赦のおかげで減刑され、次いでポンピドゥーによってさらに減らされたが、投獄されたままだった。彼らは、一九八三年八月と九月、監獄から出た最後の粛清受刑者だったのである。

法的粛清以外にも、粛清は相変わらず続き、一九四七年と四八年、警察や軍隊では、幹部排除法を介して行なわれていた。数年間、これらの組織は解放の状況からくる職業上の不安を長らく味合わされた。たとえば、憲兵隊では、粛清、次いで幹部排除措置によって重大な職業危機が生じた。一九四六年と四七年、幹部不在（憲兵将校、班長）が至るところで目立ち、幹部排除措置を一層理解しがたいものにしたのである［ベルジェール、二〇〇七年］。

この現象の時系列を見ると矛盾この上なしだが、次の段階で扱われた特赦請願や控訴請求という多様な訴訟手続きはまた、結果として、その持続性に粛清プロセスを組み込むことで、まさにその影響をできるだけ早く制限し、さらには消してしまいたかったのである。それはまるで逆説だった。なぜなら、基本的には、粛清は持続期間中に新法を創設するとか、立法化することさえも意図したわけではないのだから。しかしながら、ジャン＝マルク・ベルリエールが指摘したように［二〇〇一年］、「警視庁粛清案件を純粋に行政的な面で終わった」ものと見なし得るのは、ただ一九六七年一月一日からで、「解放から二十三年かかったのだ！」。国務院における「粛清」訴訟、これは一九七〇年代初めまで続くが、他方、税務面から経済的粛清案件を清算していた不当利得没収最高委員会は、一九六八年五月まで定期的に会合していたのである。

Ⅱ 早期の「脱粛清」

粛清措置の補足となる「脱粛清」措置は、その影響関係から主要にしてかつまた記憶のレベルに敏感に反応する問題を提起し、またこの措置が示した粛清の冷静な読み直しと、その結果、呼び覚まされた遠きむかしのイメージによってでも主要な問題となる。主要なというのは、あらゆる研究が一致して、粛清の総括に対する脱粛清の大きな影響を指摘しているからである。実際、「裁判」と「慈悲」の論争は早くから世論に定着していた。一九四四年秋から翌年の冬にかけて、パリでも〔カミュ対モーリアック〕〔バリエール、ベルジェール、二〇〇四年〕地方でも、容赦なき粛清の支持者は寛容な措置、さらには赦免政策の擁護者に反対していた〔バリエール、ベルジェール、二〇〇四年〕。おそらくまた、元来、「政治犯罪は普通法犯罪よりも早く廃れる」ことも考慮すべきであろう〔ヴェルジェ＝シェニョン、二〇一〇年〕。新当局が共和国の裁判はヴィシーのとは違うと、あらゆる調子で繰り返し強調したときから、彼ら新権力は粛清に極めて効果的な制限、すなわち、法治国家と民主主義への回帰原則を課していたことは、本当である。クレール・アンドリューはそれを手ぬるかった銀行粛清に関して、いみじくも指摘している。

結局、粛清措置の修正は国家の全権力機関（行政、立法、司法、管理統治）に及ぶ。行政権力は特赦、刑執行延期、減刑などを介して真っ先に立ち現われる。そして一挙に裁判の流れをはっきりと変えてしまう。この介入は、時間的にも空間的にも、法的粛清判決の多様性と不均等を考え合わせると、部分的には必要で、ときには有益でさえある。誰もが、中央権力がここでも制御役を十全に果たし、刑の適用を調整していることを疑わない。かくして、対独協力者裁判法廷で被告に宣告された死刑の七割近くがド・ゴールかその後継者（グアン、ビドー、ブルム、オリオール）によって減刑されたのである。高等法院でも、比率は似たようなもので、賛否両論で下された八件の死刑のうち、五件が減刑された（ペタンを含む）。象徴的だが、フランス全土で強い感情的な反応を引き起こすこうした特赦に、もっと普通の全面的か部分的な減刑、さらには条件付き釈放という訴訟手続きが急速に加わってくる。

まず法的粛清の均質化として考えられた、こうした訴訟手続きはまた、一九四四年九月から、監獄管理局長ポール・アモールが推進した新しい刑罰政策の精神に含まれる。これは、フランソワ・ド・マントンとピエール＝アンリ・テトジャンが、対独協力者を含めてあらゆる被告人に拡大適用しようとした新しい刑罰哲学である。コラボについて言えば、一九四八年だけで、請願された六八〇〇件のうち、五四〇〇件の条件付き釈放が認められた。一九四九年には、七六五〇件のうち、五〇四〇件の条件付き釈放がまた認められた［ヴェルジェ＝シェニョン、二〇一〇年］。特例法を普通法に追随させるやり方は、一部の社会層と政治階級には受け入れがたいものだった。それゆえ、アモールの刑罰制度改革は下院で何ら議論の対象にならなかったのに対し、粛清受刑者に与えられた特赦措置、次いで特赦法は激しい論争の的になった［テトジャン］。寛大さや赦しに対するこのフランス人同士の分裂は、粛清をめぐる決して消えない誤解を表わしていた。この法案採択、特に一九五一年と五三年の条文をめぐる激論［ガスコンとバリュシュ編著］はさておき、ここでは公的論争、それよりも一層強かった政治的論争における粛清問題の質的転換を強調しておかねばならない。

特赦法の前段階で行なわれた最初の特赦措置が、ばらばらの裁判権を統一し、裁判を共和国の価値観に相応しい人間の顔をしたものにするために、明確に意図的に講じられたとしても、今回は全く事情が異なる。冷戦勃発、北大西洋条約機構支持政策、ヨーロッパ建設の開始などによって著しく変わった国家的、国際的状況において、特赦は、たとえ労働者インターナショナルフランス支部SFIOが大反対しても、大部分が共産主義者の意向に反して行なわれた。したがって、忘却の意思は少なくともイデオロギー的かつ司法上の問題だったのである。それに、一九五一年と五三年の特赦法正当化のための弁明は、基本的には何も別なことを言ったのではない。だから、法案提出報告者はこう明言している。「第四共和国は理解と人間性を示すだけ十分強力である。我々は、危機の高まるなか、全フランス人の団結がかつて以上に望まれているだけに、より一層そのことに専念しなくてはならない」。

一九四七年、最初の中途半端な試みのあと（八月十六日の法律）、一九四九年から（二月九日の法律）、未成年者、とりわけ単に民兵隊や対独協力の党派に属したというだけで処罰された者のために措置が講じられた。一九五一年一月五日の法律は、レジスタンス行為のために解任されたり、一五年以下の刑に処せられたりした、特別民事部の受刑者数千人に正当な特赦を与えた。また同じく、反祖国罪を軽犯罪に見直した。この法はまた、未成年者や、一九四二年以後ドイツ軍に「志願した」アルザス人やロレーヌ人のようないくつかの特殊なカテゴリーの被告人にも恩恵をもたらした――ただし、後者の場合は、戦争犯罪をおかしていなければだが。一九五三年八月六日の法律は法的粛清における特赦の適用領域を著しく拡大したが、以後は行政的粛清や復権した元議員にも広げた。しかしながら、この時期には、特赦は全面的ではなく、まだ拷問や殺人犯、同胞市民を敵による抑圧や強制収容所送りに追いやった者は排除していた。それ以上に、これは、なお重い罰金にあえいでいるある一定数の納税者を蔑ろにして、不当利得没収に適用されることはなかった。同じく、ド・ゴール派的信条に合わせて、裏切りや武装した対独協力主義よりもヴィシーとの妥協派には容易に特赦が与えられた。

しかしながら、条件付き釈放、次いで特赦の累積的かつ直接的な結果は、ただ数年前に断罪されたコラボを外に出して刑務所を空にするだけのことだった。だから、粛清受刑者が解放時におもしろがって告発したように、「粛清刑務所」(8)は、都市周辺部を除いて、一九五〇年代の初めにほとんど消滅した。この減少は急減でさえあった。つまり、対独協力のための囚人が一九四五年初めは四万人以上、一九四六年は三万五〇〇〇人、一九四七年は二万人、一九四八年は一万六〇〇〇人、一九四九年は一万人、一九五〇年は六〇〇〇人、一九五四年は一〇〇〇人以下だったのである。軍事裁判所の補足的研究は留保するとしても、欠席裁判による粛清がこの「脱粛清」の動向に連動し、おそらく拡大したことを確認せざるを得ない。これは高等法院でも見られた現象で、一九五五年から六〇年に再検討された欠席裁判による有罪判決は全て釈放か象徴的な判決となったのである。

（8）これは、フレーヌ〔ヴェルジェ＝シェニョン、二〇〇六年〕のような「政治犯」刑務所や、対独協力者の多くの囚人を収監していたポワッシー、クレールヴォ、フォンテヴロ、エッスのような中央刑務所〔数県の囚人を収容していた〕を指して言ったもの。

法的粛清以外にも、ジャン＝マルク・ベルリエール〔二〇〇一年〕はまた、警察において、訴訟請願、処分修正措置、特赦法、特に一九五三年法などが連結して生じた結果を見事に推計した。そこでは情状酌量や決定破棄が、機関によって付託された件数の三分の一から四分の三の変動幅で明白に現われた。ほかにはほかで、それぞれの訴訟手続きがあった。たとえば、内務省では、懲戒処分修正に関して大臣に残されていた自由裁量権が大幅に行使され、粛清名目で下された処罰が下方修正された。かくして、「一九五〇年代初めから、解放時に現職にあった県知事に科せられた年金なしの罷免の半分が年金付きの罷免か、強制的退職に変えられたのである」〔バリュシュ〕。教育省と郵政省については、フランソワ・ルーケ〔一九九三年〕が、当初の処罰の緩和によってかなり象徴的になった行政的粛清や、「一九五〇年代に行なわれた多くの軽減措置、復職、年金授与、さまざまな補償」などを報告している。

政治的計算の結果だが、また裁判と人間性の意思の成果でもあった「脱粛清」の総括は印象的である。解放後一〇年も経たないうちに、そのような結果を前にして、占領時代に積極的に関与して、しばしば犠牲にもなった一部の世論が多くの懐旧的な情による寛大さにぶつかり、傷つきさえしたことは理解できる。それでも、立法者は、一九五三年の総合的特赦法第一条において、「特赦は復権でも復讐でもない」と明言するよう配慮した。おそらくまた、当時は、漠然とだが総体的に栄光少なきものとされた歴史のページをめくりたいとする、この意志がフランス社会では大勢を占めていたことは認めねばならないだろう。世論の研究がこれを証明しているが、いくつかの少数派活動家を除いて、フランス人は以後未来を見ようと願い、もはや暗い過去を思い返したくはなかったのだ。同時に、ひとが時代を変えるということも本当である。配給制度と窮乏の時代は次第に遠ざかり、希望に満ちた「輝かしい三十年〔一九四五〜一九七五年の高度成長期〕」に席を譲ったのである。

Ⅲ　社会復帰の問題

したがって、外交的、政治的および経済的な状況の変化が、たとえ蔓延する反共産主義的雰囲気に過度の重要性を与えるべきではないとしても、前述したような訴訟手続きに大きく影響するようになった。しかしながら、一つ確かなことは、こうした措置、さらにはその動機――これはより体系的に研究されれば成果があろう――が、時間をずらしてみれば、占領下で認められるかまたは非難される、それぞれの行動の輪郭を描き直して、結局は粛清に新しい外縁を定めることである。そうしながらも、こうした見直しが法と権利をより遵守した、新しい集団的粛清理論の出現に寄与したとしても、個々の案件の処理だけで、社会復帰のような微妙な問題を一挙に解決することはできない。それどころか、この問題に関する補足的研究が望まれるとしても、今はただ、ジャン゠マルク・ベルリエールの警察に対する分析［二〇〇一年］や、教育省のためにメーヌ・エ・ロワール県で実施された観察調査［ベルジェール、二〇〇四年］を見て、社会復帰は自動的にでも組織的にでもないと言えるだけである。ただときにはそれどころではなく、それも、この問題に根強く残るいくつかの既成観念に反して、復帰が実現しているのである。

実際、粛清受刑者が、赦しや忘却のために前職に、いや前のポストにそのまま復帰することはあまり知られてはいないテーマだが、それはこの現象が、資料が不備で計量化も常に不確かなため、歴史家にはほとんど考察されていないか、またはきちっと考察されていないから当然である。それでも、最近の研究［ベルジェール、ル・ビアン、リニュルー、ヴァンサン］によって、あり得る状況の類型学をある程度精確に描くことが可能になった。解放後は、四つの重要なケースが考えられる

一、まず、ヴィシー体制によって処罰された者にとっての「社会復帰―復権」。自動的にではないが、これは極めて頻繁に起こったケースである。フランス国鉄では、シャルロット・プーリによれば〔リニュルー、ヴァンサン編著〕、南東部地方では、一九三九年から四五年にかけて共産主義のため罷免された職員の八七パーセントが、四四年から四五年には復帰している。そうではあっても、あらゆる期待、ときには当事者自身の期待に反して、この手続きは組織的ではなかった。たとえば、ヴィシーによって更迭されたが、解放時に存命していた元知事一〇〇人のうち、二三人だけが復帰している〔バリュシュ〕。だから、ヴィシー下での停職や罷免、また強制収容所からの帰還は解放時に復帰を保証するものではなかった。そこで、ほかの変数――年齢、専門的能力、処罰の条件など――が考慮されることになる。

二、次には、解放時に企業や官公庁で誤って、しばしば「その場で」処罰された者にとっての「復帰―補償」。数字を挙げることはできないが、この復帰方式は一九四五年からは、多くの職場や階層でかなり頻繁に現われた。ここでは、解放の幸福感のなかで即興的に犯された明白な過ちの訂正が問題となる。すなわち、幹部職、企業主、公務員、憲兵隊さえもが……事実上の当局によって逮捕され、停職させられていたのである。ただそれでも、社会的調和と安全のため、こうした人々の復帰は必ずしもすぐにではなく、配置転換を利用して行なわれたことは、付言しておこう。

三、「復帰―赦免」は粛清―脱粛清の方程式から直接生じる。だが、これは最も情報が少ない。たとえば、シャルロット・プーリは、フランス国鉄について、一九四七年、職員の関係書類から破棄され、消された粛清に結びつく三〇〇〇件の処罰を挙げているが、前提となる組織団体からの退出退場（停職、休職、罷免、解雇、退職など）を想定する実際の割合を数値化できなかったことを想起しておこう。同じく、粛清―復帰過程の前後に就いていたポストを比較できなくてはならないだろう。それは、復帰が降格処分と同義になるとか、部分的なキャリアの再構成を伴うことが頻繁にあったからである。

四、最後になるが、「復帰―権利回復」という究極的形態は第二次世界大戦後に観察される。たとえば、対独協力者にとってあり得る煉獄、試練の場としての植民地帝国の問題は明確化するに値するだろう。それは、戦後のフランス経営者層の粛清に関する次のエルヴェ・ジョリの示唆を確認するにすぎないとしても、である。「結局、彼らにとっては、植民地世界は、少なくとも当初は、本土ならば慎重にすることを義務とせざるを得ないような状況において、恰好の市場の捌け口となっていたようである［ベルジェール編著、二〇〇八年］」。だから、ロレアルグループは外国にある子会社（スペイン、南米、米国）［ルーケ、ヴィルジリ］で何人かの元コラボを雇ったのである。同じ力学により、「憲兵隊の」記憶もまた、解放時に危うくなった何人かの憲兵隊員にとっては、権利回復の試練の場たるインドシナ神話を育んでいる。結局、陸軍では、マダガスカル植民地戦争、特にインドシナ戦争に際して、一九四八年から、解放時に自由になっていたが、後に参戦志願した軍人の召集や復帰様式を法律に記載することになったのである〔ダブザック＝エプジ〕。

＊　＊　＊

あとになると分かることだが、「あの大いなる彫刻家」である時間という時を刻む神を考慮することが実際に、粛清とその後のことをよく理解するために不可欠な変数として課されてくる。それはアラン・バンコとマルク＝オリヴィエ・バリュシュの分析を確認することになるが、彼らにとって、粛清は「出来事というよりも、時間という時の神に左右される裁きのプロセスであった」〔バリュシュ編著〕。結局はまた、この現象の「じわりと進む」もう一つの社会的次元をときとして、大きく過小評価しているようだ。すなわち、粛清は個人を襲いながらも、おのずから、また多くは長らくその周囲や家族に及ぶことである。どれだけ左遷転職のための引っ越しを、この恥辱が投げかける影によって説明できるだろうか？　もちろん、それは計量化できないが、ベネディクト・ヴェルジエ＝シェニョン〔二〇一〇年〕は正当にも、若干数の途方もない成功例（ルネ・ブスケのような例〔ヴィシーの警察長官。後述〕）が、「本当は選んだわけでもない、無数の転職、乏しくなる金銭、閉じられた拒絶のドア、繰り返される小さな屈辱、苦難や逆境の試練で大きく変わり、悪化した個人や家族の生活を隠蔽してはならない」、と指摘している。たとえば、一九八三年十月二十日、サン・フール（〔中仏〕カンタル県）の憲兵はエステル・アルブイを救出したが、彼女は、頭髪を刈られた一九四四年夏から家族の家に引きこもって暮らしていたのである〔ルーケ、ヴィルジリ〕。おそらく例外的なケースだろうが、これはまた粛清を脱することの困難さの何ほどかを、我々になお語りかけている。*

＊　確かに、このエステル・アルブイの件は特異な例外かもしれないが、アラン・ブロッサ『丸刈り女』、フィリップ・ブルドレル『野蛮な粛清』などを参照すると、程度の差はあれども、類似のケースがあったと思われる。たとえば、丸刈り女ではないが、欠席裁判で死刑判決を受けたフランス人ゲシュタポが母親の実家の納屋でその庇護下、一七年間も隠れ潜んでいたという事例もある。それにもまた「親の因果が子に報い」で、丸刈りにされた当事者たちはこの恥辱をひた隠しにして生き延びたとしても、著者が言うように「家族に累が及ぶ」こともあった。たとえば、先の訳注（一九頁）で触れた丸刈りにはされなかったが、コラボ女の娘は、母親の秘密と自らの出生の真相を知ると、母を終生許せないと恨むのである。この娘には「カレーの市民の霊」はもう宿っていないのだろうか。粛清の暗い伝説は消えず、「過去は絶え間なく黒い血を流し続けている」という。ちなみに過ぎ去らない過去と言えば、最近の報道によると（二〇一九年九月）、パリ左岸のフランス上院のリュクサンブール宮の地下倉庫からヒトラーの金属製胸像が鉤十字のナチの軍旗などとともに見つかったとある。ここはドイツ空軍司令部が占拠していたというが、戦後七〇年以上もフランス上院はヒトラーの胸像の上で国事を議していたのである。ま

るでブラックユーモアだが、このコラボ女の重荷を背負った娘の場合と同様、過去は容易には過ぎ去らない。

第六章　粛清を逃れる

対独協力者の亡命の問題は長らくジャーナリズムや文学のテーマで、同時に「ホットな」記憶の対象であったが、今では歴史家にも道が開かれている。だから、いくつかの亡命地に関する基本的な研究を手にすることができる。たとえば、スイス〔ヴァン・ドンジャン〕、アイルランド〔リーチ、カルネ〕、カナダ〔ベルジェール、二〇一五年〕、また範囲は限定的だが、スペイン〔デュルフィー〕、アルゼンチンなどである。その前に、たとえ厳密な意味での亡命というよりも連合軍の攻勢を前にした退却だとしても、一九四四年九月から翌年四月、一万〜二万人のフランス人コラボがドイツに移っていた。この逃亡したコラボ、そのなかにはすでに多数の民兵隊やフランス人民党の隊員とその家族もいたが、一部はジグマリンゲン〔南ドイツ〕に集結していた〔ルッソ、一九八〇年、コワンテ、二〇〇三年〕。この極端な対独協力者たちは、旅行中の作家セリーヌが見事に描いた黄昏時の雰囲気のなかで[9]、虚しくも「傀儡」政権の萌芽を育てようとしていた。したがって、ここで問題なのは、出発国と受入れ国の関係史に特化した単純な問いに答えることである。つまり、ヨーロッパの戦争終結後、どれだけのフランス人が亡命の道を選んだのか？　彼らはどんなコースを辿ったのか？　彼らはどう行動したのか、あるいは別な言い方をすれば、国から国への移動を保証する組織網、ルート、「コラボ受入れ組織」について何を知っていたのか？

(9) ルイ＝フェルディナン・セリーヌはドイツへの逃亡、次いでデンマークへの亡命を、三部作『城から城』（一九五七年）、『北』（一九六〇年）、『リゴドン』（一九六九年）で語っている。

I　どれだけのフランス人が？

長らく正確に評価されなかったこの現象は、最小限に見積もって、単独か、大抵は家族を連れて、多かれ少なかれ長期滞在可能な、遠い亡命地を選んだ数千人に関係する。そうは言っても、またこれを想起しておくのが重要だが、一部のマージナルなコラボだけが国外逃亡を選んでいた。大勢はその場に留まって、仕方なくだが、粛清に対峙していた。おそらくそれが、嫌疑者の九五パーセント以上がとったか、とらされた選択であろう。同じく、一九四五年以降の、大量の人口移動再開の枠内では、対独協力のための政治的難民は全体のごくわずかな部分でしかなかった。これは、亡命志願者には大いに助かる状況で、彼らは群衆に紛れこむことができたのである。たとえば、カナダでは、一九四五年以後、ヨーロッパ人難民は二〇〇〇人と推定されるが、一九四五年から翌年にかけて、この国に入った移民全体（一五〇万人以上）の〇・一パーセントにすぎなかった。方法論的な面では、計算法の問題は、流動的人口と、非合法な移動に関する内部資料を研究する役目の歴史家に対して、一挙に真の問題を突きつける。

多くの場合は、推定するだけで満足せねばならない。だがそれでも、フランス人コラボに関して手に入る数字からすると、およその規模は以下の通りである。

・次のような国に入って、若干でも留まった者は数百人。スイス、スペイン、イタリア、アルゼンチンだが、これらは主要な通過または滞在目的地である。
・カナダまたはアイルランドに入ったのはわずか数十人。これは、少なくとも国で危うくなったフランス人だけには、一時的な立ち寄り先だった。

しかしながら、この亡命者全体の共通点は大半がコラボであることだが、特に民兵隊員、少数のフランス人民党の活動家だった。カナダ、スイス、アルゼンチンに民兵が過剰に多かったことは明白である。この状況には二つの理由がある。一つは、間違いなく対独協力に最も熱心だった者がいたこと。もう一つは、民兵隊はフランス人民党とともに、隊員またときには家族の撤退の必要を予測した唯一の組織であったことである。またこれは理解できることだが、滞在の多くは、フランスへの帰還かほかの目的地へ出発するまでの一時的なものだったので、この国ごとのデータの単純な加算はそのままは信頼できない。それほど重複の危険が大きかったのである。したがって、今度はできる限りコースを考慮することが必要となってくる。

II　どのようにして?

この問題はまず辿った逃亡または移動ルートに関係する。だがここでも、曖昧さは残る。それでも、いくつかの傾向が浮かび上がってくる。スイス、スペイン、イタリアは、国境を接する国として、フランスへの帰還か大西洋の向こう(アルゼンチン、カナダなど)への出発までの期間はどうあれ、通過地点だった。いくつかの資料によると、スペインは自国だけでフランス人亡命者二〇〇〇〜五〇〇〇人を受け入れていたようである。これに「国内亡命者」、すなわち、ヴィシー下ですでにこの国に居住していたが、解放されたフランスに戻ることを拒んだフランス人を計算に入れると、もっと数が増す。それに、亡命したコラボは多くの場合、粛清を予想していた事情も加わる。しばしば内戦の力学において関与した彼らは、どう対処すべきかわかっており、実際の解放を待たずに、まずは隣国に逃亡していたのである。ある一定数のコラボはそこで自らにかかわる裁判の結果を待ち、ひとたび興奮状態が冷め和らぐと、フランスに戻るか、逆に遠い目的地で亡命生活を送るのかを考えたものと思われる。初めは大抵、単独で隠れていたが、逃亡中のコラボが近親者の亡命を計画したのはこのときである。

しかしながら、このテーマに関する文字通りの死角として、帰還の問題は亡命の有する問題性に内在的に結びついている。資料はこの問題についてはほとんど情報をもたらさないが、それでも祖国帰還が可能と思われた二つの時期を垣間見せてくれる。つまり、フランスの特赦法採択後の一九五〇年代初めと、極めて重い欠席裁判による有罪判決の主要な訴追の時効が成立した一九六〇年から七〇年代である。一九四八年、上記の道のりを確認しながら、アルゼンチン駐在のあるフランス人外交官は、この国に居住するフランスの政治的亡命者の大半がスペインかイタリア経由で来ていた、と指摘している。また、若干名だけが「正規のパスポートでフランスから」直接来ていたとも言っている。

こうして全体的に見ると、イタリアは重要な逃げ道役を果たしていたと思われるが、これは今後の徹底した研究によって明らかになるだろう。おそらく、時おり言及されるベルギー経由の移動もまた掘り下げてみるに値しよう。追及されて、多くは欠席裁判で厳しく断罪された者たちの国外脱出ルートに関しては、確かなことはほとんど知られていない。しかるに、支援組織や宗教界の役割は至るところで明白な事実となって現われる。たとえば、カナダに亡命した全民兵が逃亡中の何らかの時に、教会の援助の恩恵に浴した。だが、実際はそれどころではなかった。一九四七年、アルゼンチンでは、フランスの外交文書の教えるところでは、「二人のフランスの政治亡命者は……バチカンから……アルゼンチン当局に対して、なおイタリアやスペインにいる政治亡命者のアルゼンチン移住に配慮するよう働きかけを委任されていた」、というのである。

Ⅲ 幇助者

単にかなりの亡命者が本当は自らの手立てで到着したのではなく、多くの場合、到着国で「コラボ受入れ組織」の恩恵に浴していた［ヴァン・ドンジャン］。実際、ほとんど至るところで支援委員会が設置されて、これが急速に広まった冷戦ムードで大きく助長された相互連帯責任において、出発国と受入れ国の架け橋を維持していたのである。たとえば、スペインでは、一九四五年から、元バルセロナ駐在フランス領事ピエール・エリクールの指導下で、ヴィシーの亡命者相互援助組織のヨーロッパ難民受入れ協会が設置された。フランス語圏カナダでは、一九四八年九月、ロベール・

リュミリとモントリオール市長カミリアン・ウードが、カトリック民族主義勢力出身のほかの右翼行動主義者たちと、フランスの政治亡命者支援委員会を立ち上げた。それはアルゼンチンでも同様で、一九四八年七月、ベルギーとフランスのコラボのためにヨーロッパ人亡命者向けの受入れ相互援助協会が創設され、初期には、アルゼンチン政府の公的支援を受けていたのである。

この「幇助者」の役割においては、人間とかつまたその思想の媒介役としての個人や組織の役割を強調しておくことが特に重要である。フランス語圏カナダでは、ロベール・リュミリは一九四八年から五一年、「フランスの政治亡命者」問題の中心的人物であった。彼自身フランス出自で、両大戦間期に来た新移民であり、単にフランス人亡命者のための仲介役だけでなく、カナダで彼らの主義主張を広めていた。一九四八年十一月には、講演会を組織し、「フランスにおける粛清の真実」を紹介している。講演会はメディアでは大きく取り上げられ、特にケベック州ではカトリック民族主義者の新聞（『ル・ドゥヴォワール』、『ラクシオン・カトリック』、『モントリオール・マタン』）で大いに喧伝され、粛清の記憶となるいくつかのイメージを国際化するのに寄与したのである。ジュネーヴの弁護士アドリアン・ラシュナルと外交官ヴァルター・シュトゥッキは、スイスで同じような楽譜で演奏し、ここでもまたフランスの粛清のかなり「暗い」イメージを保守的メディアで広めたが、これは粛清難民の犠牲者的言説に大きく紙面を割いていた。それどころか、一九四六年、ラシュナルはコンスタン・ブルカン某とともに、「コラボ本」を専門とする出版社ル・シュヴァル・

エレ（天馬）を創立したのである。

これら全てが一体化して、「ネオ・ヴィシー」さらには「ネオ・ファシスト」の暗雲を成し、急速に新しい組織網ができあがった。それは特に二つのレベルで測られる。一つは、民兵的急進主義とカトリック的伝統主義、次いで一九五〇年から六〇年代にかけて現われた原理主義的傾向との明確な親子関係に見いだされる。このことはスイスのフランス語圏やカナダで、「フランスの政治亡命者」グループに広まっていたアクシオン・フランセーズに近い勢力に顕著に見られた。

アルゼンチンでは、一層はっきりとしており、フランスの旧対独協力主義者がこの思想的傾向をアルゼンチンの軍隊、特に一九七六年のクー・デタの未来の若き将校たちの間に広めることに寄与したのである。かくして、一九五九年三月、ロベール・パンスマン（元アリエージュ県民兵隊長）は某カトリック司祭と、アルゼンチンカトリック都市 Ciudad Catolica Argentina と雑誌『ベルボ』を立ち上げた。体制破壊、何よりも絶対悪の具現としての「共産主義の侵入」に対する猛烈な闘いに参加したアルゼンチンカトリック都市は、あらゆるマルクス主義的影響からアルゼンチンを浄化するよう呼びかけ、必要ならば、神によって造られた「自然の秩序」に反対する者には暴力や拷問も辞さないと訴えた。他方では、ネガショニスム〔ナチの大量虐殺否定論〕の最初の推進者としての し上がってきた者たちとの架け橋もまた急速に架けられる。ヴァレリー・イグネの表現によれば、「修正主義の第一世代(10)」に属する者は、モーリス・バルデシュやアンリ・コストンのように、カナダでもアルゼンチンでも、フランス人亡命者やその支持者に熱烈に歓迎されたのである。

(10) V・イグネ『フランスのネガショニスムの歴史』、スイユ、二〇〇〇年。

Ⅳ　亡命地で人生を立て直す

この問題に関してまとまった決定的な結論を引き出すことは難しく、答えは国によって異なり、しばしば根拠を欠いたもので、個々人になると一層ばらばらである。ペロンのアルゼンチンは明らかにこの亡命者たちに極めて好意的だった。もっとも、フランス当局は「コラボ」に与えられた行政的便宜には一様に驚いていた。カナダでは、政治状況は著しく異なったが、それでも新来者に全く不利ということはなかった。そうは言っても、両者の場合、最初の組織形成の進行度が移民の状況を多かれ少なかれ左右したことは明らかだった。アルゼンチンでもケベックでも、医師はかなり早くから医業を再開していた。同じく、両国の大学はさほどの困難もなく、コラボの知識人にも門戸を開いた。よくあることだが、一定の技量を備えたエンジニアや技能工もまた容易に職に就いた。最も象徴的な例は明らかに、アルゼンチンの航空部門に迎えられたエミール・ドワティーヌ〔トゥルーズで戦前創立の航空機製造会社経営の実業家にして航空技術者。現在、トゥルーズにはエアバスの主工場がある〕である。

したがって、いくつかの転職は非常に成功したものであったことがわかる。なるほど、いくつかの転職は不安定で、アイルランドにおけるブルターニュの民兵たちのように、格下げと同義でさえあったが〔カルネ〕、驚きなのは、亡命者間で職業上の連帯関係が生まれていたことである。たとえば、アルゼンチンでは、最終的には「友人」間で仕事を助け合うものがかなり多かったことが確認される。カナダでも類似した動きが見られ、モントリオールに定着し、「コラボ」の受入れ活動に大いに関与したあるフランス人実業家はこう言っている。「純コラボ同志は、お互い助け合ったものだ」〔ベルジエール、二〇一五年〕。

＊＊＊

権利回復可能な場としての植民地世界に関する補足的研究がやはり多様にある。また、ポール・トゥヴィエのように〔ヴェルジェ＝シェニョン、二〇一六年〕、解放時の多くの敗者がフランスでは忘れられたが、何人かは、追放または排斥された者として粛清受刑者の境遇を生きたことも忘れないでおこう。もちろん、それ自体が別のテーマになるとしても、戦時中の行動のため嫌疑者になった者にとって、フランスの地もまた隠れ家や亡命の場であったことも隠蔽してはならない。これは外人部隊に言えることだが、多数のドイツ人の学者や技術者にも同じことで、特に航空学、航空宇宙学、軍装備や原子力産業のような戦略的部門においてそうだった。だからフランスは戦後、千人近くの「ドイツの頭脳」を「回収した」ようだが、彼らが実際にナチ体制にどの程度関与していたのかは、いつも正確には評価できなかったのである。*

* なお、こうした「ドイツの頭脳」を「回収した」のは、フランスだけでなく、米軍もドイツ人科学者・技師一五〇〇名をアメリカに連行・移住させ、NASA（米国航空宇宙局）などで働かせた。人類初の月面着陸の有人ロケットサターンVを開発したのは、この第三帝国の科学者・技師たちである。恐らくソ連も占領した東独地区で同様のことをして、ドイツの頭脳を原爆製造や人工衛星の開発に利用したのだろう。

第七章　粛清の記憶

本章の趣旨は一挙に粛清を持続性と通時態に織り込むことにある。実際、解放は粛清を作り出したのではなく、過去の経験の記憶を守ったのである。また問題は、一九八〇年から九〇年代にかけて、問題のある呼び方で「第二の粛清」と称されたものが、ときには「最初の粛清」の不完全さを修正するというような意味で使われ始めたことを確認することである。結局、戦後急速に定着した粛清の「暗い伝説」と新しく増えつつある「粛清の子孫」の立場の間で、いくつかの記憶の伝達方式も問われることになる。

I　長期時間帯にこの現象を織り込む

解放は粛清という言葉も実践も作り出したのではない。フランスの政治史において、このパラダイムは明確に革命的かつジャコバン的である。このために、これは処罰と再生の二重の力学において、しばしば国家の安全対策に結びつくある一定の急進的な共和主義的性格と同義である。起源からして、この語はそれ自体のうちに団結と排除の緊張関係をはらんでいる。別の言い方をすると、国家を脅かす内なる敵を、その不正確さによって恐ろしい嫌疑者という語で名指しして排除し、いかに国家の統一を回復するか、である。それゆえ、裏切りと浄化の間にあって、粛清は恐怖政治の意味論的領域に属し、またそのために、この語は常に不安を呼び起こすか、または「(硫黄の)悪臭がする」［アグランとロワイエ、バリュシュ編著］のである。しかしながら、この語とまた特にその実体は時代と当事者によって変化している。例として言えば、国家と行政的粛清の歴史の境界面において、この用語の影響力は、十九世紀と二十世紀のフランスでは変化しており、政治的責任者や官僚の純然たる除去からはるかに軽い処罰（譴責、配置転換など）へと移っているが、それでもやはり、これが正真正銘の粛清処分であったことに変わりはない。

長期時間帯にこのプロセスを刻み込むことはまた、第二次世界大戦後に生じた粛清に過剰に与えられた例外的性格を断つことでもある。実際、長い十九世紀とその激動の政治史は、たとえ激しさに違いはあるとしても〔ベルジェール、ル・ビアン〕、一九四五年のものと「類似した」行政的粛清の数多くの場面を供してくれる。ジャン・ル・ビアンは特に一八一五年〔ナポレオン退位、第二王政復古〕と一八三〇年〔七月革命。一八一五〜一八三〇年の白色テロルの時期〕の粛清の例外的広がりと、一八四八年〔二月革命〕と一八七〇年〔普仏戦争、パリ・コミューン〕の粛清の残酷で終わりなき性格を強調しているが、一八八〇年代に法曹界を襲った共和派〔修道会の活動を制限した勅令に抵抗した者〕の大粛清も忘れてはいない。長期の持続性を把握することはまた、反祖国罪に関する注目すべき研究におけるアンヌ・シモナンの選択でもある。同じく、前に見たように、粛清が状況に応じてできた規範的システムに大きく依拠していたとしても、以前のシステムとの連続性が明白にあることを考察するのは、やはり重要である。それは特に、経済的、とりわけ税務上の粛清の場合に明瞭だった。たとえば、解放時に始まった不当利得没収大作戦は、第一次世界大戦後設置された戦争利益課税から得た教訓に断固として結びついていた〔トゥシュレ、バリュシュ編著、二〇〇八年〕。

隣接の領域では、アルザスにおける、一九四五年の粛清は一八七〇年と七一年の〔ドイツへの〕併合、また両大戦間期と予想以上に困難なフランスへの復帰を考慮しないと、理解不能である。一九四〇年の併合（と厳しいナチの粛清）、次いで一九四五年の解放が、一〇〇年にも満たない間に四度国籍〔と言語〕を変えさせられたアルザス人の歴史の変動に含まれることを無視するのは、この現象の理解の鍵を捨てることである〔ヴォノ〕。一九四四年以後の企業における粛清に関するいくつかの研究もまた、この粛清には以前の、特に一九三六年、三八年、三九年のシークエンスで累積された強度の社会的緊張の痕跡と記憶が刻み込まれていることを示している。

類似した状況では、組合、特に労働総同盟の粛清は、一九三九年から四七年に行なわれた相次ぐ除名と、統一派と連合派の対立抗争の影響を考慮しなければ理解できない。法的角度からは、オリヴィア・レードゥリシュはすでに、第三共和国末期が行なった粛清（特に一九三八年、さらには一九三九年から四〇年の共産主義者粛清）と、一九四五年のヴィシーの粛清との一致点と相違を指摘している。解放時の粛清現象の優れた分析はまた、一九三八年から四八年のミュンヘンからプラハへの「動乱の時代」*の中心に視座を据えて検討している〔アゼマ、ベダリダ〕。

＊　一九三八年、第二次世界大戦の引き金となるミュンヘン会談、オーストリア併合、「水晶の夜」勃発。一九四八年、チェコスロヴァキアで共産主義政権樹立の政変。ソ連のベルリン封鎖、冷戦深まる。

この時期の一貫性はまた、第二次世界大戦の前後双方からの、政治との関係、個人と国家の関係の解体―再構成の弁証法をめぐって研究すべきである。服従の文化のタブーを壊しながら、粛清はある者にとって文字通り、職業上の価値観逆転と彼らと国家を結ぶ契約破棄を示している。そこで、彼らの多くは、いくぶん啞然として、「合法性が必ずしも正当性ではないこと」、あるいはむしろ「合法性の外見が不法行為を隠蔽する」ことを発見することになる。これに関して、ジャン＝マルク・ベルリエールとドゥニ・ペシャンスキは一九九七年からこう結論づけている。「一九四四年から翌年の粛清は、警察の免責という非成文法を侵犯して、権力と警察の事実上の連帯の終わりを画したが、多様な帰結を伴う別の大きな断絶をもたらした」。

この出来事の記憶はときとして新たな第四共和国に対する真の影響となるものを育み、その強化を保証するものとなる。忍び寄るいくつかの組織体の政治化がアルジェリア戦争によって白日のもとに曝け出されるだろう。ラウル・ジラルデの著作の書名を借りて言えば、「フランスの軍事危機」[11]に関与し、またはいわば終息させながら、「アルジェリア戦争は軍人が国事に激しく侵入するさまを見た」が、それは、クロード・ダブザックによると［一九九八年］、「彼らは、国家がその僕《しもべ》に対して自らも守るべき解消不能の契約を先に破った、と考えていた」からである。同じことが警察でも確認されるが、ジャン゠マルク・ベルリエールによると［二〇〇一年］、解放の後遺症を想起しながら、「第四共和国は、その体制末期に見られたように、警察部隊の一部の職務放棄、さらには裏切りという形でこれに高い代償を払うことになったのである」。

（11）R・ジラルデ『フランスの軍事危機（一九四五―一九六二）』、アルマン・コラン、一九六四年。

II　第二の粛清？

ヴィシー症候群、すなわち、この出来事の歴史ではなく、むしろフランス社会におけるその記憶の広がりの歴史は、歴史的考察の対象となったが、アンリ・ルッソがこれを研究テーマに仕立ててからは〔一九八七年、二〇〇一年〕、もはやその意義を説明する必要もなかった。実際には驚くことではないが、粛清の後世代はかなり近い時代の歴史記述と記憶の歩みを共有している。たとえば、一九七〇年代にヴィシーに関して、「鏡がひび割れた」とき、「パクストン革命」[*]に体現された、ドイツによる占領時代に体制が果たした役割の政治的な読み直しは、対独協力におけるフランスの責任の明確な再評価にいたる。粛清を例外としない記憶の覚醒とそのアンビバレンツは、ルイ・マルの映画『ラコンブ・リュシアン』〔邦題名は『ルシアンの青春』〕（一九七四年）が示している通りである。

＊　パクストン革命とはアメリカの歴史家ロバート・パクストンがヴィシーとナチ体制の関係を画期的に見直したこと。

これとは逆に、新聞報道で、ボリビアでクラウス・バルビー〔「リヨンの屠殺人」と称されたSS大尉〕が（一九七二年）、シャンベリでトゥヴィエ〔リヨンの民兵隊員、カトリック教会に匿われて逃亡〕が

（一九七二年）、スペインでダルキエ・ド・ペルポワ〔ユダヤ人問題総合委員会委員長のコラボ、戦後フランコに保護されていた〕が（一九七八年）暴きだされたのは、粛清を介してである。この男たちの共通点は戦後の裁判を逃れたことである。こうした事件は主役の戦犯たちに対する裁判請求に行き着くが、これは以後二十年間、メディアと司法界の注目の的となる。ときとして忘れられたこともあるが、ジャン・ルギュエ〔政府高官のコラボ〕（一九七九年）、ポール・トゥヴィエ（一九八一年）、モーリス・パポン〔戦後パリ警視総監まで務めたコラボ〕（一九八三年）が訴えられ、予審開始となったのは、一九七〇年から八〇年代の転換期であった。これらの訴訟手続きは、公権力の実際的意志よりも、犠牲者またはその子孫の行動や活動家〔有名なユダヤ人活動家〕クラルスフェルド夫妻）の効果的な運動に負うところ大であった。また裁判は新しい法的基礎に基づいていた。すなわち、人道に反する罪の不可時効消滅性、つまりは時効なしである。一九六四年からフランス法（一九六四年十二月二十六日法）に満票で書きこまれたこの法規定は、実際は、一九五一年と五三年にこれも大差で採択された特赦法の法的忘却の壁にぶつかることになり、その適用は一九八五年十二月にやっと明確化されるのである。

時代が変われば、風習も変わる。この開始された「第二の粛清」〔トゥヴィエ裁判は一九九四年三月〜四月。パポン裁判は一九九七年十月〜一九九八年四月〕は、この表現が正しかったとしても、最初のものとは何ら類似したところがない。言うならば、両者は全く異なった性質のものである。最初の粛清は実際、戦争状態を脱して民主主義への移行期にある国における伝統的な裁判の類いであるのに対して、第二の粛清はそれよりも記憶における裁判に属する。確かに、公的討論においては、さまざまに含みのある「裁きの精神」が付随するこの司法手続きは実際、一九八〇年から九〇年代の転換期に、新しい「記憶世界の制度」〔ペシャンスキ、二〇一二年〕を創始する。「ショア」〔ランズマンの映画、一九八五年〕と反ユダヤ主義問題に向けられた高い注目度に影響されて、新しい記憶のレジームは、過去の司法化、つまり過去を裁判によって裁く、激しい国際運動に結びつくが、これには、理解はできるが、ときには空しい〔略奪絵画裁判などの〕補償金問題のような調査が付随する。

道徳的には必要だとしても、こうした裁判はやはり多くの誤解の源になることが判明する。現実的だが、それ以上に特例ではなく、普通になった裁判の場合〔トゥヴィエにはヴェルサイユの、パポンにはボルドーの重罪院〕、その役割は確かな訴えに基づいて個人を裁くことだが、こうした裁判は、歴史を裁くという象徴的法廷のカタルシス的使命を果たすという責任を帯びる。ときには彼ら当事者には大きすぎる衣装になったが。大多数の関係者が戦争を知らず、最初の粛清の論議に重きをなした緊急性や必要性の圧力とは無関係な状況にあって、この種の裁判は、ことの是非はともかく、まずジェノサイドに対するフランスの関与をはじめ、解放時に過小評価されたか隠蔽されたものを断罪する形を取った。この第二の粛清は、最初が失敗、それも大失敗だったという考えを世間で強めながら、結局は、状況を考えれば、やむを得ないとはいえ、粛清の歴史と歴史家には全く用をなさなかった。

同じく、その展開と結末をみると、今日何ものも、この第二の裁判が最終的には前回よりも「成功した」と主張することはできない。歴史的真実と法的定義は必ずしもうまくかみ合わなかった。それは特に、告発のかなめが、人道に反する罪を性格づけるために占領者との共犯関係に基づいていたからである。たとえば、トゥヴィエ裁判ではときとして、ヴィシーとその武装勢力、民兵隊の抑圧政策の内在的性格を過小評価する傾向があった。パポン裁判から期待された教訓的な狙いを害する危険をおかして、ときには、一九四二年から四三年にかけて、ペタンに従ったジロンド県事務局長パポンと、一九六一年、ド・ゴールの下でパリ警視総監だったパポンの間で、時代の混同が生じていた。また確認せざるを得ないのは、おそらく二つの裁判のどれもが、狙った目標に達しなかったことである。すなわち、ヴィシー体制とその国家機構のジェノサイドに対する公的共犯関係と実際の関与を、法的にしてかつ異論の余地なく明らかにするためには、適切なものではなかったことである。そうするため、またトゥヴィエやパポンに帰せられた事実において、彼らの罪状を明々白々なものするためには、残念ながら、ジャン・ルギュエやその上司のルネ・ブスケ〔警察長官〕のような高官の責任者に対する裁判の遅延・緩慢さが妨げになった。

しかしながら、ヴィシー警察北部地区代表ジャン・ルギュエは、一九七九年以降、人道に反する罪で告訴された最初のフランス人で、その罪状は一九四二年夏の一斉検挙に関与したことである。

それでもこの重い告発は、彼が一九八九年七月二日、パリの自宅で静かに死ぬ妨げにはならず、現実には、彼は決して追及されなかった。『レクスプレス』誌の注目すべきエリック・コナンの例を除いて、当時、やはりルギュエも対象となった死後の「判決」に留意した観察者はほとんどいなかったのである。

実際には、容疑者の死去に伴う公的訴訟の消滅を確認する決定で、ゲッティ判事は、予審では、彼の人道に反する罪への関与、特に一九四二年七月から九月にかけて、パリで関与したことが明らかになったと確言するよう配慮した。多少同じようなシナリオが、一九四三年末までヴィシーの警察長官だったルネ・ブスケにも見られるが、彼はまたこの資格で、迫害、抑圧、逮捕、強制収容所送り前の拘留、監禁などを目的にしてフランス治安警察を動員した張本人だった。一九四九年六月、寛容さに好都合な状況、ことに「レジスタンス行為」のためすぐこの寛容判決が下されるような状況において、軽い刑に処されたルネ・ブスケはヴィシーの象徴的高官だが、最終的には、民間で立派なキャリアを経た後、一九九〇年年代の初めに、再び裁判にかけられた。新たな嫌疑に基づいて、今度は一九九一年三月一日、人道に反する罪で告訴された。予審が、ためらいがちではあったが、結局は一九九三年六月八日、彼の重罪院移送を結論づけたばかりのとき、精神異常者がブスケを自宅で殺害し、裁判の流れを中断してしまったのである。

裁判所も、おそらくまたエリゼ宮（大統領官邸）も明らかに裁判を急がなかった、この二つの重大案件がなければ、トゥヴィエとパポン裁判は結局色褪せたコピーにすぎなかったであろう。彼らの犠牲者や宣告された刑〔トゥヴィエには無期懲役、パポンには懲役一〇年〕を蔑ろにするわけではないが、事実は苦々しく、人々にすぐこの思いが共有された。だから、トゥヴィエ裁判は「こんな小者には大きすぎる裁判」〔ヴェルジェ＝シェニョン、二〇一六年〕であり、それに、彼のような男、解放時に民兵隊の下っ端で全くのヤクザが、事後三〇年も五〇年も経ってから、そのようなネガティブな名声をはせたことにはただ驚くばかりである。〔なお、この疑問点の多いトゥヴィエ像については、訳者あとがき末尾の訳注補足参照〕

他方、パポン裁判について言えば、この時期を知悉しているエリック・コナンは、判決の翌日、一九九八年四月九日の『レクスプレス』誌で「コラボにただそれだけか！」と題する記事を載せたが、これは、「後に歴史家が、今の我々が粛清裁判に示すのと同様に厳しい態度を見せることになる裁判」を正しく論評したものである。歴史と記憶の関係の驚くべき逆転。これはまた、この二つの裁判中に歴史家がどれだけ駆り出され、ときにはいかに不当に扱われたかを示しているが、その際彼らは、「歴史的検証の条件が整っていなかった」〔ルッソ、二〇〇一年〕のに、動員されたのである。

しかしながら、否定しがたい境界があるにもかかわらず、この法と記憶のシークエンスはまた結果として、一九九〇年代末にはすでに、これに関する歴史的研究の重要な変革を育んでいたのである。この十年と次の年代は、粛清の歴史的記述の明確な質的かつ量的修正に特徴づけられるが、そのことが社会と法廷においてこの問題が存在していたことは無関係であると言うのは、いささか不遜であろう。よくあるように、歴史と記憶の競合的にしてかつまた補完的な関係において、歴史記述は記憶の想起過程のときに特別な飛躍をすることになる。

Ⅲ　粛清受刑者の反・記憶と粛清の記憶

解放直後、粛清プロセスと相俟って、かなり早くから粛清受刑者のために特赦獲得を目指して、人々が動員される光景が見られた。この第一段階は、まず粛清受刑者がほかの粛清受刑者や周囲にじかに語りかけることであることは、誰でもわかる。第二段階では、口調も異なって、粛清受刑者の言葉がその子孫によって伝えられることになる。「証人」の語りが一九七〇年から八〇年代にかけて聞こえ始め、二〇〇〇年代には一層はっきりとし、これが以後はとりわけ全てのフランス人に向けられるようになった［ベルジェール、二〇一六年］。

初期には、粛清受刑者とその家族は、解放の敗者と粛清の恣意の犠牲者という二重の共同体で結ばれていた。粛清の文字通り暗い伝説の形成に深くかかわった当事者としての被粛清者の語りがある。すなわち、例の「野蛮な」粛清や「虐殺」の死者一〇万人、「不公平な」裁判、共産主義者の跋扈支配、無法な監獄などである〔ブロッサ〕。しかしながら、一九四五年、解放されたフランスでは、対独協力者の声は聞き取れなかったことを想起しておこう。もっと言えば、その声が出されて、たとえば、ときには実際にあった残酷行為を告発しても、先験的に正当なものとは見なされなかった。

ただそうではあっても、一九四七年から、国家的な面でも（三党連立制の破棄）国際的な面でも（冷戦）、政治的な再構成のロジックにおいて、また言論の自由復活の文脈においても、粛清受刑者が組織化され、彼らの声がフランスやその外で少しずつ強くなり始めた。この流れは、それまではばらばらで孤立していたが、この頃から構造化され、はっきりと形を成し始めた。かくして、ある一定数のメディアには、その声を半ば地下運動的なものから明るい光の真っ只中で挙げることが可能になったのである。たとえば、多かれ少なかれ短命な無数の出版物のなかで、注目すべきものを挙げれば、『レ・ゼクリ・ド・パリ』、『リヴァロル』、『パリ諸相』などがあるが、また意外にもレジスタンス側の『パロル・フランセーズ』や『カルフール』もある。

また、もう一つの媒体は証言文学である。まず多かれ少なかれ自費出版されて、アルフレッド・ファーブル＝リュスのように、一九四五年から『沈黙せる者の名において』という題で密かに配布されていたが、こうした証言や回想記は、フランスや外国（スイスのル・シュヴァル・エレ）で専門の出版社に受け継がれる恩恵に浴した。たとえば、一九四六年九月、パリでエドモン・マリが創立したレ・ゼディシオン・ド・レランである。これはサシャ・ギトリの回想記『四年間の占領と六〇日間の監獄』、クロード・ジャメの『フィフィ王』などを出しているが、ベストセラーはやはり、一九四八年のデグランジュ師の『レジスタンス主義の隠れた罪』である。この出版の流れはかなり早くから文学に及んでいき、そのためこれに正当性の形が与えられたことも留意しておこう。この場合は、マルセル・エメ『ウラヌス』(一九四八年)、ピエール・ブノワ『ファブリス』(一九五六年)、ジャン・アヌイ『哀れなビト』(一九五六年)などが考えられる。この時期から、「レジスタンスの欺瞞」と粛清の偽善の告発は、「軽騎兵」世代をなす若き右翼の作家たちの好みのテーマの一つになった。おそらくはまだ「弱い」、マージナルでさえある記憶が問題であったであろうが。

ただ、解放直後はまだほとんど非合法的なものであっても、一九四七年から四八年には、記憶はもはやそれほど内密なものではなく、いくつかのレジスタンス社会に行きわたっていた。冷戦と反共産主義の強力な梃子が読者層を拡大し、帰納的にその正当化を提供していた。以後は、伝統的な政治の動きに組み込まれて、いわば正常化したのである。政治的碁盤の右側にしっかりと根をおろした記憶は、フランスの記憶の風景に守勢の保守的記憶として持続的に定着していった。確かに当時の支配的な記憶のイメージと比べると「消印を押された」〔ペシャンスキ、二〇一二年〕記憶だが、それでも生き生きとしており、この形で現代に至るまで伝わるのに適していたのである。

一九七〇年代から、世代間に微妙な変化が起こった。それは、パスカル・ジャルダン、マリー・シエ、また『父の影』という示唆的な題の作者、ジャン＝リュック・マクサンスのような「対独協力の子孫」の最初の自伝的語りの一〇年であった。まず、最初はかなり限定的だが、この現象は、四〇以上の証言に基づいたピエール・リグロの『粛清の子供たち』（一九九三年）によって目に見えるようになってきた。これは、対独協力と粛清の別の記憶に門戸を開いた本である。爾後、粛清は、特に作者の名声と才能のため、出版風景に一様に溶け込み、しばしばメディア受けした。二〇〇〇年代にはまた、有名な「コラボ」の子や孫に注目された、いくつかの出版物が出た。同時にこれに、コリンヌ・リュシエールやアンヌ・ダルキエのようなほかの子供たちに関する伝記的研究が加わる〔二人とも有名なコラボの娘。前者は女優、後者は精神分析学者でどちらも若くして死去〕。その延長線上で、小説は粛清、またこれよりも強く記憶に対して一貫した関心を示していた〔書誌参照〕。文学と歴史の間にあって、こうした語りはまた、それなりにこの出来事の記憶の歴史を明示する標識となっていたのである。

＊　＊　＊

この新しい歴史の中継役は、その調子と段階において二重の変化を推し進める。調子の変化とはまず、例外を除いて、もはや単に告発や正当化のみが問題ではないから。同じく、この回顧的内省はもはやノスタルジー役は演じない。もちろん、こうした本のいくつかは親への愛情も、「コラボの名を名乗る」ことの困難さも同様に語っている［ヴェルジェ＝シェニョン、二〇一〇年］が、まず、そして特に共有しているのは、常に複雑な親の人生行路に説明を見いだしたいという願望である。この理解を求める過程で、作者はまた、その近親者がいつまでも被追放者のままでいるのではなく、これからは国民共通の歴史に属することを示した。この意味において、これらの著作は、当事者たる主人公の選択がどうあれ、彼らを集団の記憶に組み込むことに寄与したのである。

結論

結局のところ、歴史はレイモン・アロンを正しいとした。

「不幸の予言者は間違っていた。オプティミストも。我々を脅かしたカタストロフ——虐殺、革命的混乱、執拗に続く無政府状態——は一つも起こらなかった。しかし恐怖が消えたとしても、希望は実現しなかった」[12]

(12) R・アロン、注(1)の前掲書。

確かに、虐殺のカタストロフもなく、明白なるコラボに相応した刑罰を科さなかった失敗のため嘲笑された裁判(ブスケとパポン裁判)を経て、フランスの粛清は極めて混乱した時代のうちに過ぎ去った。本書の分析の根拠となったのは、まさにフランス社会が浄化されつつあったこの困難な状況である。占領時代から解放への急激な大変動は、粛清に一挙に爆発的で暴力的な次元を与えた。この観点からすると、一九四四年夏は間違いなくあらゆる危険の連なりで、裁判と復讐の間で混乱がないわけではなかった。しかしながら、国家は規律化と合法化の二重の力学において、急速に諸権利を取り戻した。

そうしたなかで、極めて多数の者に影響すると考えられた粛清が、さまざまな形態で五〇万人近くに及ぶ広がりの社会現象となり、そのうち一万人以上が略式か合法的に処刑されたのである。粛清はまた、しばしば言われる以上に社会に幅広く高きにまで達していた。同時に、新当局にとって、粛清には限界があり、また終わりもあることが急速に明らかになってきた。それは、当時も以後も、いつも無理解の原因となったその活動状態に内在する矛盾である。時間的にも空間的にも、また社会的にもばらばらであった粛清は、それでも、長らく考えられていた以上に激しくかつまた深く持続していたのである。

研究上、ここかしこになおいくつか死角が残り、またフランスの粛清をめぐる新しい研究の余地がなおあるとしても、特にまだこれを、ヨーロッパの粛清との比較または国家横断的な研究アプローチに組み込まなくてはならない。まず比較史だが［ベルジェール、二〇一五年］、それは明らかにヨーロッパにはいずこにも、旧敵とその協力者に対する同じような裁きへの渇望に特徴づけられた「一九四五年現象」が存在するからである。戦いの展開や戦争の終わり方における状況の違いがあるにもかかわらず、ヨーロッパはこのときある一定の運命共同体であることを示していた。ここですぐに確認できるのは、民衆の暴力が数多くの解放活動の前後にあり、当時ヨーロッパ大陸に蔓延していたカオス状態を加速したことである［ロウ］。

だが、この暴力を一括して完全に展望することはやはり困難である。ただそうではあっても、手に入る部分的なデータに照らして、これに粛清の論理に属する内戦の死者を加えると（イタリア、ユーゴスラヴィア）、おそらく死者一〇万という数字は、大陸レベルの「粛清の」暴力の犠牲者総数を最低限に見積もったものであろう。こうした総決算に、特にバルカン半島と東欧の場合に、なお重くのしかかってくる不確実さはともかく、フランスの場合は、西ヨーロッパの中心にあって、いわゆる「略式」処刑数（九〇〇〇人）の多さによって異彩を放つが、ましてや実際には内戦を経験しなかった国としてはなおさらそうである。

ヨーロッパの至るところで、新当局は急速に暴力活動を抑えて合法的手続きに替えることに専念していた。ここでもまた、手に入る研究データによって、進行中のプロセスの広がりを指摘することができる。まず質的には、多くの国が法的措置だけでは満足せず、それぞれの社会を徹底的に浄化するために行政、経済、職業など諸分野で、別の手続きに取りかかった。次に量的には、各国の研究データは、粛清がしばしばかなり幅広い社会的現象であったことを示している。たとえば、ベルギー、オランダ、ノルウェー、デンマークなどはそれぞれの国民に対して、極めて多くの司法手続きを開始している。同じく、デンマーク、オーストリア、オランダ、またハンガリーさえもが国の大きさからすると、大規模な行政的粛清を行なっている。またより一層過激なことに、戦後のヨーロッパでは、裁判後の死刑執行数千件が挙げられる（これにドイツに賛同したさまざまな法廷が行なった脱ナチ化作戦を含めてだが）。

この全体図から見ると、フランスは裁判後の死刑率が高く、たとえいくつかの国（ベルギー）がこれに近いとか、また超えるとして（チェコスロヴァキア）もやはり高いのである。東欧には信頼できる数字がないが、ここではヨーロッパの尺度に照らしてみたフランスの粛清の逆説の一つ、すなわち、多くの国（特に北西ヨーロッパ）ほど粛清が大量ではなかったが、ときにははるかに迅速かつ略式だったという逆説に簡単に触れておこう。ただやはり、比較できるものは比較しておかねばなるまい。ところで、占領者との協力の形態と程度が国どうしで同一であったということが前提でないと、この作業は危ういものとなる。とりわけ認めねばならないのは、イデオロギー的な参加（地域のナチ党）や軍籍登録（武装親衛隊）の重みが国によって極めて異なっており、たとえば、北欧諸国はフランスよりはるかに重いのである。結局のところ、一九四八年からは、冷戦とヨーロッパ建設という新しい状況において、必然的な和解の理念が、少なくとも西ヨーロッパではかなり早くから現われ、重きをなしてきた。しかしながら、最近の研究は、東ヨーロッパ（エストニア、ソ連など）でも全く特赦を受けなかったわけではなく、特にスターリン死後はそうであったことを示している［ヴォワザン］。

第二次世界大戦後のヨーロッパで粛清を比較対照した歴史研究を推し進めることは、まず経験の伝達や処罰の型の相互交換プロセスに特別な注意を払うことである。イタリアの研究［ガリーミ］はすでに、粛清に関してはフランスがいかに頻繁に比較研究の対象になっているかを明らかにしている。たとえば、一九四四年、ローマでは、市の監獄局長ドナート・カレッタのリンチの際、群衆がこう叫んでいる。「パリだ、パリだ、パリのようにしなければならん！」。それに、フランスの司法的枠組みがイタリアの法的粛清の組織化に大きく影響したことは、周知のことである。ジョナス・カンピオンはまた、粛清が、ベルギー、フランス、オランダの憲兵隊レベルで、共通の職業的論理とそれぞれ異なった国民的論理の間にあって、どのように行なわれたかを示している。アンヌ・シモナンは、フランスの反祖国罪に関する研究でこう示唆している。「特別刑法を媒介にして、フランスはヨーロッパで、ナポレオン時代以来知らなかった法的影響力を取り戻した」。事実、公民権剝奪の手続きはまた、いくつかのヨーロッパ諸国（フランス、ベルギー、オランダ、デンマーク、ノルウェー、オーストリア、チェコスロヴァキア）で進行中だったが、この刑罰の元の形が本当に他国に移せるものだったかどうかを確かめるには、この説は深く掘り下げてみるに値するであろう。

逆に、一九四五年にフランスに戻ったアルザスでは、ドイツから質問表 *Fragebogen* の慣行を輸入したが、これは関係住民のなかに負の記憶の反響を呼ばないわけにはいかなかった*。この申告手続きはドイツの脱ナチ化の基礎の一つである。多少自己批判を招きつつも、同時に「嫌疑者」のあり得る派生的な告発にも道を開きながら、ここアルザスではこの手続きが、フランスには前代未聞のユニークな仕方で、対独協力調査の基礎として使われた。また、一九四六年六月、ストックホルムで開催された国際ペンクラブ大会は、フランス作家全国委員会の出席の下で、文学界の粛清の名目で「ブラックリスト」作成の共同実践案が採択されたことも指摘できるだろう。国境間に流れるのが規範や慣行でないなら、それは人間であろう。この観点で、移動を強いられた住民は、ヨーロッパ戦争終結後のもう一つの主要な社会的事実となる。

＊ この質問表は、元は戦後連合国が戦時中のナチとの関係を調査するため、数百万のドイツ人に対して行なったもので、これが併合されたアルザスでも実施された。ここで若干アルザスに触れておくと、この独仏国境の地ははるか紀元前からゲルマン、ラテン両民族間の争奪の地であり、長らくドイツ領であったが、十七世紀の三十年戦争から現代まで何度も、国籍、言語、文化、習慣などの変更を強いられてきた。負の記憶というのはこうしたアルザスの苦難の歴史全体に対してであろうが、この場合は国籍選択の際に用いられた質問表のことであろうか。たとえば、第二次世界大戦中、独仏別々の国籍を選んだ兄弟が前線で鉢合わせになるという悲喜劇も起こったのである。

たとえば、中・東欧では、ドイツ人少数民族あるいは民族ドイツ人 *Volksdeutsche*〔ナチ用語。ドイツ、オーストリア国境外、特に東欧諸国に居住した外国籍のドイツ人〕は一挙に犯罪人と見なされ、チェコスロヴァキア、ポーランド、ハンガリー、ルーマニア、ユーゴスラヴィアなどから軍事手段によって追放された。貧血状態のヨーロッパにおけるこの大量の住民移動（一二〇〇万のドイツ人）はしばしば、監禁、強制労働、財産没収の局面を経ている。一九四五年のドイツ人を場合によってはあり得る犠牲者と考えることが困難なため、長らく隠蔽されてきたテーマである、この戦争直後の暴力は、数年前から記憶の覚醒と学問的関心の蘇りの対象になった。

似たような状況において、ソ連は戦後、「対独協力国民」のカテゴリーを定義づけ、処罰されるか、しばしば一部は強制収容所送りになるように定めた。それはドイツ人少数民族や、バルト三国（特にラトビア）の住民の運命だった。類似した力学において、ヨーロッパの戦争犯罪人や対独協力者の追放に関する研究では、辿ったコースや逃亡ルート、動員された組織網に関心が集中している点で驚かされる。そこではまた、急速に西欧全域に広がった冷戦ムードと反共産主義を梃子にしたあらゆる重みが測られている。こうした情報は、単にナチや逃亡したコラボに関するヨーロッパの歴史研究を可能にするだけでなく、おそらくまた多様な年代記と地理を有するヨーロッパの戦後を別様に解釈することを可能ならしめるものであろう。

訳者あとがき

本書『コラボ＝対独協力者の粛清』は Marc Bergère : *L'Épuration en France*, Que sais-je ?, 2018 の全訳である。

著者マルク・ベルジェールは一九六三年生まれ。レンヌ第二大学歴史学（現代史）教授で、フランスにおける粛清の歴史、特に第二次世界大戦後の粛清問題の専門家である。

なお邦訳題名について言えば、直訳すると、『フランスの粛清』だが、本書の内容に合わせて『コラボ＝対独協力者の粛清』とした。このフランス語 épuration の語義は本来、「浄化、純化、精製」だが、十九世紀前半（一八三五年頃）から、「社会、組織や集団内で望ましからざる者とされた人物を排除、追放すること」、すなわち粛清も意味するようになった。英語ならば purge であろうか。

粛清は、本書にある通り、社会的・政治的・行政的・経済的及び職業上のものなどさまざまな形態をとるが、これを社会浄化、変革のための粛清＝処刑という狭義にとらえただけでも、その例は歴史上無数にある。たとえばフランス史ならば、すぐさま思い浮かぶのは、ルイ十六世、マリー・

アントワネットの処刑やパリ・コミューンの虐殺、英国史ならば、エリザベス一世に処刑されたスコットランド女王メアリーや清教徒革命時のチャールズ一世であろうか。また現代に目を転ずると、イデオロギーが絡み、社会浄化ではなく体制維持のための粛清が多いが、スターリンの大粛清をはじめ中国の文化革命、今もあるロシアや北朝鮮の邪魔者は消せ方式の粛清事件など枚挙に遑がないほどある。

さて本書は、第二次世界大戦後の（ドイツ占領軍からの）解放時のフランス社会における粛清、すなわち、コラボ＝対独協力者 collabo=collaborateur に対する「裁きと処罰」の諸形態を綜合的かつコンパクトに論じた「粛清のミニ社会史」である。ただ粛清は解放前からもあったとされるが、解放後は革命期にも似た凄まじいもので、その実態は正史にその歴史記述がないのはともかく、わが国ではほとんど知られていないと思われる。本書では、著者が断っているように、その性格上、粛清の直接的な記述や具体的な描写、すなわち粛清の物語とか挿話は省略されている。

先に触れたように、粛清にはさまざまな領域における多様な形態があり、政治家のみならず知識人や官僚、実業家、商人などの粛清もあって複雑で、この第二次世界大戦後のフランスの粛清もその広がりは大きく、闇も深い。それも解放直後は特に熾烈で、一時は戒厳令が出されかねないほど粛清の嵐が吹きまくり、コラボには監獄のほうが安全だったと言われるほどだった。ここでは実例に触れる余裕はないが、粛清がどのように行なわれたのか、簡単に触れておくと、まず解放委員会とか粛清委員会が粛清対象を選定する。そして多くは夜中とか未明に、武器を手にしたレジスタンを主体とする粛清執行班がトラックで目的地に向かい、粛清対象のコラボを取り調べと称して拉致・連行する。投獄することもあるが、多くの場合、森のはずれとか川沿いで降ろして銃殺。翌朝、死体発見。この「夜の訪問者」の粛清執行班は処刑班だったのである。これが、解放直後、曲がりなりにも公式の裁判制度が復活するまで、フランスで一般化した裁判抜きの「野蛮（不法）な粛清」パターンであった。特ににわかづくりの「偽レジスタン」の悪党どもがこれを悪用した。暴力を振るうだけなく、強盗略奪行為に及び、銃殺した死体から金品を奪い取り、金歯まで抜き取ったという。実際、パリ解放前後から、かなり長期間「粛清が虐殺と同義語をなす」こうした状況が続き、ゲシュタポさながらの蛮行があったという。まさに社会システムが崩壊した荒涼たる無法地帯の蛮行である。

だがそうした状況下で、恐らくその最も象徴的な例は、本書でも何度か言及されているドイツ人と関係した女性、つまり「横たわったコラボ女」の頭髪を丸刈りにするtondre処罰であろう。わが国では、女性が頭を丸めるとは仏門に入ることだろうが、旧刑法の姦通罪の刑罰として、これが法廷や民衆の裁きで科されたことはまずあるまい。

ところが、解放時のフランスでは、パリをはじめあちこちの町や村で丸刈りにされ、剃り上げられた女性 tondue が出現して、通りを引き回され、「醜いカーニバル」が繰り広げられたのである（図版1．警官や憲兵に取り巻かれた丸刈り女たち。胸に鉤十字＝ハーケンクロイツが印され、頭髪の一部も鉤十字をかたどって残されている）。公式の裁判ではなく、民衆の裁きである。だが、なぜそのようなことが起こったのか？　紙幅に限りがあり、粛清の典型例としてこの「丸刈り女」の処罰に限定して見ておこう。

図１　Alain Brossat, *Les tondues* の表紙

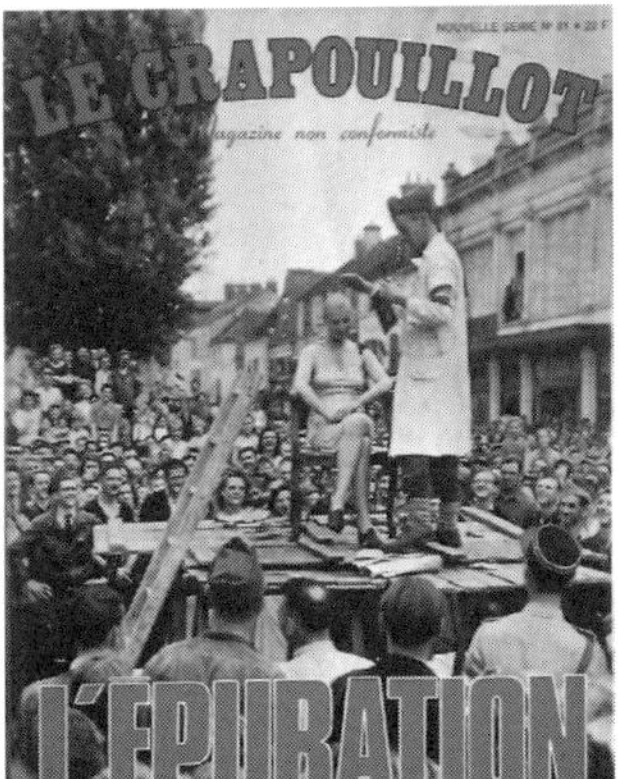

図２　雑誌 *Le crapouillot* の表紙

一九四四年八月のパリ解放後、まだ戦闘や小競り合いが続いているさなか、退却するナチや民兵の残虐行為が四年間の占領下で溜まりにたまった欲求不満を一挙に爆発させ、「愛国的復讐」の怒りをあおり、これがコラボへの報復・制裁の波となってフランス全土に広がっていった。解放された民衆の報復感情はしばしば激化し、コラボへの制裁処罰が暴力行為に変わった。「革命初期の自然発生的な暴力」にも似た、「自然発生的な（無法野蛮な）粛清 l'épuration sauvage」である。いわば国家なき社会、混沌とした「ノーマンズランド」の暴力である。

これはパリだけでなく、地方でも起こり、たとえば、本書にもある通り（一九頁）、ピレネー山脈と接する最南端のアリエージュ県の小さな町パミエでは、即席裁判で数十件の死刑判決が即決で下されたという。こうした状況下で、民衆の怒りの恰好の捌け口となって、敵に対する代替報復の標的とされたのが多数の丸刈り女たちであった。彼女たちが、民衆の怒りの標的になり、いわばその「避雷針」役を果たしていたのである。そして残酷なことに、この見せしめの刑は公開性を原則としたので、広場や通りで行なわれたのである（図版2．衆人監視のなか即席の壇上で丸刈りにされる女性は最後の抵抗なのか、脚を組んでいる）。ところで、この丸刈りの刑 tonte は古くからあり、いわば古典的な加辱刑である。本題に入る前に、この tondue の歴史一般を一瞥しておこう。なお、ここでは触れないが、この丸刈りの罰は女性だけでなく、旧ソ連やナチ・ドイツの収容所囚人や軍規違反の兵士など男にも下された。

さて、この女性の髪を切るという処罰は、すでにして聖書や古代ゲルマニア、八〇五年のカロリング朝の法令にあり、中世には、姦婦に対して行なわれていたという。たとえば聖書では、ニュアンスは異なるが、コリント人への第一の手紙にこうある。「祈りをしたり預言をしたりするとき、かしらにおおいをかけない女は、そのかしらをはずかしめるものである……髪を切ったりそったりするのが、女にとって恥ずべきことであるなら、おおいをかけるべきである」（一一—五）。ここですでに、女に頭髪がないことが「恥」として示されている。

中世になると、これが一挙に処罰となって現われる。たとえば、カペー朝末期の十四世紀初め、フィリップ四世美男王は、英国王エドワード三世の妃となった娘イザベルの讒言に乗せられて、息子三人の妻たる嫁をみな不義の廉で髪を切り、悲惨な目にあわせている。しかも、これが男系相続人なしというカペー朝断絶の契機となり、さらには百年戦争の遠因ともなる。ちなみに、中世の英国王は、十二世紀のヘンリー二世から十五世紀のエドワード四世までの三〇〇年間、フランスの王侯高家の息女を王妃としており、イギリス人女性を娶ることは決してなかった。その間、百年戦争があっても、この慣例は変わらなかったというが、アンジュー（プランタジネット）朝がいわゆるアングロサクソン系ではなく、フランス西部のアンジュー伯家起源だからであろうか。百年戦争前のこの時代、カペー朝とイングランド王家の関係は、大諸侯なども絡んで複雑に入り乱れているが、不可思議なことである。

時代が下って、十七世紀には一般社会でも、女性が投獄されるときは、罪の如何を問わず、丸坊主にされたという。

二十世紀になっても、丸刈り女 tondue は存在し、それもフランス人女性だけではなかった。イタリアでも同様であった。ワイマール期のドイツでも、一九二〇年代初め、フランスとベルギー連合軍がライン河畔ルール地方を占領した際、この兵士たちと関係したドイツ人女性が丸刈りにされたという。またスペイン内戦でも、共和派の全女性が標的にされ、理由は別でイデオロギーだが、解放時のフランス人女性と全く同じ恥辱を被っている。ヘミングウェイの『誰がために鐘は鳴る』(一九四〇年)には、「美しい顔だ、とロバート・ジョーダンは思った。髪の毛さえ短く刈りこまれていなかったら相当な美人だろう」(新潮文庫)とある。もっともここでは「断髪」という語が用いられているが。さらに、一九四〇年のナチの法令でも、アーリア人女性と非アーリア人男性の婚姻を禁じ、罰として丸刈りを想定していたという。要するに、ヨーロッパ社会では、tondue はいつの時代もどこでも見られたようである。さて、解放時のフランスに戻ろう。

では実際に、この丸刈りの罰はどのようにして行なわれたのか。一九四四年夏、解放の歓喜の熱狂が渦巻くなか、各地で地方解放委員会が組織されると、すぐに「コラボの女狩り」が行なわれ、引きずり出された。そして公共の場、市役所や市場の広場の壇上で、一般には警官か憲兵立会いで丸刈りのセレモニーが始まり、女たちの髪が刈られ、剃り上げられてその額にペンキや口紅で鉤十字が記された後、通りを引き回された。公開で見せしめが原則なのである。なお付け加えておくと、この刑罰は頭髪を刈って引き回すだけでなく、時には群衆の罵詈雑言を浴び、唾を吐きかけられるというリンチさながらの仕打ちを受けて、路上を転げまわる残酷かつ悲惨な光景もあった。集団ヒステリーの狂気、醜悪な〝祝祭の〟暴力である。その際、人々は復讐心の反動で、他人の不幸を見て喜ぶ、いわゆるSchadenfreude（毀傷の喜び）に浸っていたのだ。これは人間誰にでも深層に潜むあの陰湿淫靡なサディスティック感情、磔や火あぶりの刑場に殺到するカタルシス願望でもある。その結果、何人かの丸刈り女は自殺し、気が狂った者もいたという。もちろん、銃殺された者もいた（この見せしめ刑については、ロバート・キャパが北仏のシャルトルの通りで撮った有名な写真がある。赤ん坊を抱いたままの丸刈り女tondueが群衆のなかを引き回される光景である。残念ながら、ここでは載せられないが、これは『ライフ』に掲載されて世界中に出回ったという）。

ただ、この「横たわったコラボ女」の裁きは、いわば中世の「愚者の饗宴」、「驢馬の祭り」のグロテスクな現代版であるが、単なる見世物ではない。象徴的な意味がある。つまり、その肉体は「冒瀆された聖域から、罪の源泉と国民の恥に変じて、その処罰は不可避的に道徳的糾弾と同時に肉体的屈辱を科すことになる」（拙訳E・トラヴェルソ『ヨーロッパの内戦』）。

それはともかく、どれだけのコラボ女がいたのかは曖昧不確かで、戦後ドイツ人を父とするフランス人乳児は八万とも一〇～二〇万ともされるが、丸刈りにされた女性は「横たわったコラボ女」だけでなく、洗濯女や家政婦など仕事で、ドイツ人と接しただけで疑われたフランス人女性も含まれる。ただ奇妙な区別だが、娼婦はプロとして仕事をしただけだから丸刈りを免除されたとこともあったというが、それは例外で大半は罰せられた。ただ付言しておくと、ここでは詳細には触れられないが、この丸刈り女の真相実態は相当複雑であり、本書（九五頁）にもあるごとく、現代にまでトラウマとして尾を引く残酷物語もあるのである。

またプロではないが、この見せしめ刑を免れた有名人女性がいる。あのシャネルNo.5の女王ココ・シャネルである。一九九四年九月、彼女は粛清委員会の命令で逮捕された。戦時中、彼女は高級ホテル・リッツのスイートルームで暮らし（終生ここで暮らしたともいうが）、毎夜のごとくレジスタンやユダヤ人狩りがあった「暗闇のパリ」で、コクトーなど芸術家や上流人士とともに敵ドイツ人との晩餐会やパーティに加わっていた。五十七歳のシャネルは十三歳下のドイツ人将校に恋もしていた。罪状明白である。だが、パリ市中を引き回される寸前、友人の英国宰相チャーチルに間一髪で助けられたのである。一般に、丸刈りの刑に処せられたのは中・下層階級の女性で、ココ・シャネルのような上流層には甘く、見逃し、手加減されることが多かったという。

もちろん、この見せしめ刑がいつまでも続いたわけではなく、フランス国内軍ＦＦＩや義勇遊撃隊ＦＴＰ、新当局の司法・行政機関などは中止を呼びかけ、サルトルも「中世的サディズムの懲罰」、「卑小低劣な復讐行為」（『コンバ』紙一九四四年九月二日）として反対したという。この丸刈りの刑の最後は一九四六年二月、サヴォワであった。

なお、前述のキャパの写真で有名になったにもかかわらず、この見せしめ刑はアングロサクソン系国民には理解されず、賛同も得られなかった。解放者としてパリに来たサミー（米国兵の別称）やトミー（英国兵）はこの丸刈り女の処罰劇に出くわすと当惑し、やめさせようとしたというし、解放後パリに来た報道特派員たちも一様にネガティブな印象を伝えている。米軍関係者はこの「残酷ショー」の禁止を要請したという。だがフランス人からすると、それは、彼ら英米人はナチに占領されたこともなく、そもそも占領という「集団の記憶」も知らず、ブーヘンヴァルトもベルゲン・ベルゼンも知らなかったのだから、この「粛清の儀式」が何なのか分からないのだ、となる。

だがそれだけではなく、その相互不信の根は深い。アングロサクソン人には昔からフランス人に対するステレオタイプの偏見が根深くある。ことにイギリス人には、恐らくリチャード獅心王とフィリップ二世が袂を分かったという十字軍伝説以来あり、彼らはフランス人を「軽薄、軟弱、享楽的で気骨がない」人種と見ており、とりわけ、一九四〇年六月、パリ陥落後、三日と経たずして降伏した「弱い」国民に対する不信感があったのである。アメリカ人はアメリカ人で、前大戦時と同じく、この「軟弱軽薄なフランス野郎 Frenchies」を「わが兵士たち boys」が二度も助けに来ざるを得なかったのだと思っていたのだった。
こうしたことからも分かるように、第二次世界大戦後のフランスにおける粛清問題は、「占領・レジスタンス・粛清」という三位一体の関係性において複合的な観点から多角的に捉えねばならないものと思われる。

末尾ながら、白水社編集部小川弓枝氏には諸事万端お世話いただいた。ここに記してお礼を申し上げたい。

二〇一九年初秋

宇京頼三

＊訳注補足

ここで描かれたトゥヴィエ像は些か問題である。なぜならば、そんな男がどうして、戦後教会の保護を受けて、アルプス山中のシャルトル会大修道院などから逮捕されたニースの小修道院まで妻子を連れて逃げ回れたのか？　この教会とトゥヴィエの共謀関係は一体何なのか？　この男は、一九四四年、人権同盟委員長でソルボンヌの美学教授ヴィクトル・バシュの殺害と七人のユダヤ人銃殺の廉で、一九四四年に死刑判決を受け、脱走、再逮捕後、終身刑に処せられてフレーヌ監獄で刑死した元民兵隊長である。教会がキリスト教的慈愛から、この戦犯を単なる罪人《つみびと》**pécheur**として扱っただけでは済まされない。彼は決して懺悔などしない男**impénitent**だったのだから。また彼はコラボというだけで、教会の反共主義とは無関係である。トゥヴィエ裁判を担当した存命中の予審判事ゲッティはこの被告を「大策略家」と証言している（二〇一九年三月『ル・モンド』）。では、この疑問点の多いトゥヴィエ像について真相はどうなのか、原著者マルク・ベルジエールに問い合わせたところ、以下のような回答を得た。

それによると、トゥヴィエは確かにリヨンの民兵隊長であったが、全国組織の幹部ではなく、ブスケのように政治的地位もなく、地方の民兵隊の立場を利用して私利私欲のために悪事を繰り返した正真正銘の悪党であるという。だが、教会がなぜ三十年間近くも保護したのかに関しては、「明確かつ包括的なことは、残念ながら答えられない」とあった。著者が率直に不明を認めたところをみると、それだけこの問題は複雑なのだろう。現に教会の要請で歴史専門家による調査委員会が生まれ、『ポール・トゥヴィエと教会』(一九九二年)という報告書まである。戦後ナチの逃亡ルートの一つには「修道院ルート」があり、ナチ戦犯がこのルートで南米や中近東に国外逃亡したというし、また連合国はアウシュヴィッツの存在にうすうす気づいていながら、都市爆撃はしてもユダヤ人護送の線路は破壊しなかったということも、なぜなのか説明は難しく、答えは容易ではないのと同じように、いわば一種のアポリアかもしれない。もっともこれは、分かってはいるが、言いにくい説明したくない類いのタブーなのかもしれない。

ついでに言えば、逃亡したナチ戦犯は相当数いる。エルサレム裁判のアイヒマンやアウシュヴィッツの「死の医師」メンゲレだけでなく、シリアに逃亡し軍事顧問になったアロイス・ブルンナー、CIC(米軍防諜部隊。CIAの前身)に雇われ、ボリビアで大金持ちになったクラウス・バルビーなどがいるが、ここでは「リヨンの死刑執行人」ポール・トゥヴィエとの関連比較から「リヨンの屠殺人」クラウス・バルビーについて簡単に触れておこう。ちなみに、リヨンは「レジスタンスの首都」と称されていた。

このリヨンのゲシュタポの長バルビーは多数のレジスタンやユダヤ人を逮捕虐殺し、とくに「レジスタンスの英雄」ジャン・ムーランを拷問死させ、四四人のユダヤ人の子供を強制収容所に送った廉で、欠席裁判で死刑判決を受けた戦争犯罪人である。だが即刻死刑に値する極悪人なのに、トゥヴィエ以上に四十年間も逃亡し続け、一九八七年にやっとフランス法廷で「人道に反する罪」で終身刑に処せられ、一九九一年に獄中で病死した。ナチの典型的な逃亡戦犯である。

詳細はおくとして、ここで注目しておきたいのはトゥヴィエとの違いである。

トゥヴィエが生き延びたのは主に教会関係者の庇護援助によるものだが、バルビーの場合は終戦直後に始まった東西冷戦の影響が大きかった。この確信犯的ナチは当時西欧社会に漲っていた反共イデオロギーの波に乗じて、先に触れたCICに工作員として採用されたのである。要するに、マッカーシズム、「赤狩り」に利用されたのだ。しかもフランスの度重なる引渡し要求にもかかわらず、アメリカは応じるどころか、偽名のパスポートまで渡してボリビアに逃亡させた。バルビーはそこで軍事顧問になると、赤狩りに携わり、ここでも拷問責めを繰り返させたというから、アメリカの罪は大きい。

さてそれはともかく、トゥヴィエは国内逃亡で教会に匿われて隠れ潜んでいたが、懲りない拷問官バルビーは赤狩り先兵として公然とのさばり、武器商人ともなって大金持ちになったのである。同じ町リヨンにいたこのSS大尉とコラボの民兵隊長のそのような境涯の違いが生じた理由は、バルビーの場合ははっきりしているが、トゥヴィエのほうはなぜなのかやはり曖昧かつ不明である。

ちなみに、アイヒマンにも触れておくと、近年の研究（デイヴィッド・チェザラーニ『アイヒマン』、二〇一〇年、ベッティーナ・シュタングネット『エルサレム前のアイヒマン』、二〇一一年など）では、ハンナ・アーレントが『エルサレムのアイヒマン』で描いたアイヒマン像は全くの偽り、偽装の姿で、アーレントはアイヒマンの完璧な詐術にはめられ、「悪の凡庸性」の体現者という狡猾な演技の罠に陥っていたことが判明したという。この元SS中佐はナチ官僚システムの単なる歯車、凡たる役人どころか、狂信的かつ絶対的反ユダヤ主義者で、アウシュヴィッツへのユダヤ人大量輸送の元締め役の、まさに「机上の虐殺犯」であり、他のナチ戦犯同様決して悔いることなき確信犯だったのである。もう一つ付け加えると、不可解なのはアイヒマン逮捕までの当局の態度で、ブエノスアイレスの西ドイツ大使館は彼の妻子に実名でパスポートを交付していたというが、西ドイツは右手で元ナチを糾弾しながら、左手で逃亡戦犯を助け支えていたことになる。またイスラエルの諜報機関モサドが懸命に追求していたアイヒマンの所在を、ドイツ当局は早くから把握していたのであろう。これもまた奇怪な話である。

最後にだが、奇怪な話といえば、ほかにもある。ごく最近（二〇一九年六月）の報道によると、ドイツ政府は、一九五〇年創設の「連邦〔戦争犠牲者〕援護法」により、旧軍人や軍属に賠償金を交付しているという。詳細は省くが、奇妙なことにフランスにも現在その受給者が五四名おり、その中に武装親衛隊の生残りが四名いるというのである。ベルギーでは二十年前から、「恥の給金（へそくり）」として問題になっていたこの給付金は、いわば軍人恩給とか年金の類いであろうが、受給者のSSの残党どもは、今では九十歳代、中には百歳を超えた者もいるかもしれない。フランス政府は今頃になってはじめて知り、大騒ぎになったそうだが、建て前では戦争犯罪人は除かれているとはいえ、加害者側のSSが戦争犠牲者として賠償金をもらうとは、これはまた輪をかけて奇怪な話ではなかろうか。

著者略歴

マルク・ベルジェール Marc Bergère

1963 年生まれ。レンヌ第二大学歴史学（現代史）教授。フランス社会における粛清問題の専門家で、現在は国際的次元における粛清問題の広がりと影響関係の比較史的研究に携わる。著書に『解放時のフランスの経済的粛清』、『カナダにおけるヴィシー――フランス人コラボのケベック亡命』、『第二次世界大戦後のヨーロッパにおける国境を越えた粛清の歴史』などがある。

訳者略歴

宇京賴三（うきょう・らいぞう）

1945 年生まれ。三重大学名誉教授。フランス文学・独仏文化論。著書：『フランス－アメリカ――この〈危険な関係〉』（三元社）、『ストラスブール――ヨーロッパ文明の十字路』（未知谷）、『異形の精神――アンドレ・スュアレス評伝』（岩波書店）、『仏独関係千年紀――ヨーロッパ建設への道』（法政大学出版局）、訳書：トラヴェルソ『ユダヤ人とドイツ』（法政大学出版局）、同『ヨーロッパの内戦 炎と血の時代 1914-1945 年』（未來社）、同『左翼のメランコリー――隠された伝統の力 一九世紀～二一世紀』（法政大学出版局）、オッフェ『アルザス文化論』（みすず書房）、同『パリ人論』（未知谷）、フィリップス『アイデンティティの危機』（三元社）、同『アルザスの言語戦争』（白水社）、リグロ『戦時下のアルザス・ロレーヌ』（白水社）などがある。

参考文献

書誌

AMOUROUX Henri, *Les Règlements de comptes (septembre 44-janvier 45)*, Robert Laffont, 1991.

ARON Robert, *Histoire de l'épuration*, Fayard, 1967-1975, 4 vol.

AZÉMA Jean-Pierre, BÉDARIDA François (dir.), *Les Années de tourmente de Munich à Prague (1938-1948). Dictionnaire critique*, Flammarion, 1995.

BARUCH Marc-Olivier (dir.), *Une poignée de misérables. L'épuration de la société française après la Seconde Guerre mondiale*, Fayard, 2003.

BAUDOT Marcel, « La répression de la collaboration et l'épuration politique, administrative et économique », in *La Libération de la France*, Actes d'un colloque du Comité d'histoire de la Seconde Guerre mondiale, CNRS Éditions, 1976, p. 759-783.

—, « L'épuration : bilan chiffré », *Bulletin de l'IHTP*, 1986, n° 25, p. 37-53.

BERGÈRE Marc, « Europe en épuration », dans J.-F. Muracciole et G. Piketty (dir.), *Encyclopédie de la Seconde Guerre mondiale*, Robert Laffont, « Bouquins », 2015, p. 409-414.

BOURDREL Philippe, *L'Épuration sauvage (1944-1945)*, Perrin, 1988 et 1991, 2 vol.

BUTON Philippe, GUILLON Jean-Marie (dir.), *Les Pouvoirs en France à la Libération*, Belin, 1994.

COINTET Jean-Paul, *Expier Vichy. L'épuration en France (1943-1958)*, Paris, Perrin, 2008.

DEAK Istvan, GROSS Jan T., JUDT Tony (dir.), *The Politics of Retribution in Europe : WWII and Its Aftermath*, Princeton University Press, 2000.

FONDATION CHARLES DE GAULLE, *Le Rétablissement de la légalité*

républicaine (1944), Bruxelles, Complexe, 1996.

FOULON Charles-Louis, *Le Pouvoir en province à la Libération*, PFNSP, 1975.

GACON Stéphane, *L'Amnistie de la Commune à la guerre d'Algérie*, Seuil, 2002.

GRENARD Fabrice, LE BOT Florent, PERRIN Cédric, *Histoire économique de Vichy : l'État, les hommes, les entreprises*, Perrin, 2017.

JACKSON Julian, *La France sous l'Occupation*, Flammarion, 2004.

LABORIE Pierre, *Les Français des années troubles*, Desclée De Brouwer, 2001.

—, *Le Chagrin et le Venin. La France sous l'Occupation, mémoires et idées reçues*, Bayard, 2011.

LE BÉGUEC Gilles, PESCHANSKI Denis (dir.), *Les Élites locales dans la tourmente. Du Front Populaire aux années 50*, CNRS Éditions, 2000.

LIGNEREUX Aurélien, VINCENT Marie-Bénédicte (dir.), « Réintégrer les fonctionnaires. "L'après-épuration" en Europe XIXe et XXe siècles », *Histoire et mesure*, XXIX-2, 2014.

LOTTMAN Herbert, *L'Épuration (1943-1953)*, Fayard, 1986 ; rééd. LGF, « Le Livre de Poche », 1994.

LOWE Keith, *L'Europe barbare (1945-1950)* [2012], trad. J.F. Hel Guedj, Perrin, 2013.

NOVICK Peter, *L'Épuration française (1944-1949)* [1968], Balland, 1985 ; rééd. Seuil, « Points », 1991.

PESCHANSKI Denis, *Les Années noires (1938-1944)*, Hermann, 2012.

RIOUX Jean-Pierre, *La France de la IVe République. L'ardeur et la nécessité (1944-1952)*, Paris, Seuil, 1980.

ROUQUET François, VIRGILI Fabrice, *Les Françaises, les Français et l'épuration*, Gallimard, « Folio Histoire », 2018.

ROUSSO Henry, *Le Syndrome de Vichy de 1944 à nos jours*, Seuil, 1987 ; rééd. « Points », 1990.

—, « L'épuration en France : une histoire inachevée », *Vintième Siècle. Revue d'histoire*, 1992, n° 33, p. 78-105.

—, *Vichy. L'Événement, la mémoire, l'histoire*, Gallimard, « Folio Histoire », 2001.

VERGEZ-CHAIGNON Bénédicte, *Histoire de l'épuration*, Larousse, 2010.

VOISIN Vanessa, *L'URSS contre ses traîtres. L'épuration soviétique (1941-1955)*, Publications de la Sorbonne, 2015.

専門的研究

粛清の類型学——処罰の特殊形態の研究

ABZAC-EPEZY Claude d', *L'Armée de l'air de Vichy (1940-1944)*, Economica, 1998.

—, « Épuration, dégagements, exclusions : la réduction d'effectifs dans l'armée française (1940-1947) », *Vingtième Siècle. Revue d'histoire*, n° 59, 1998, p. 62-75.

AFJH, *La Justice de l'épuration à la fin de la Seconde Guerre mondiale*, La Documentation française, « Histoire de la justice », 2008.

ANDRIEU Claire, *La Banque sous l'Occupation. Paradoxes de l'histoire d'une profession*, PFNSP, 1990.

ASSOULINE Pierre, *L'Épuration des intellectuels*, Bruxelles, Complexe, 1990.

BANCAUD Alain, *Une exception ordinaire. La magistrature en France (1930-1950)*, Gallimard, 2002.

BERGÈRE Marc, « Différence des sexes et répression judiciaire pour faits de collaboration : approche comparée des deux guerres mondiales », in L. Capdevila, S. Cassagnes, M. Cocaud, *et alii* (dir.), *Le Genre face aux mutations. Masculin et féminin, du Moyen Âge à nos jours*, Rennes, PUR, 2003, p. 327-336.

—, « Les épurés comme vecteurs mémoriels de l'épuration : relais et temporalités d'une mémoire marginale », in J. Salnclivier, J.-M. Guillon, P. Laborie (dir.), *Images des comportements sous l'Occupation. Mémoires, transmissions, idées reçues*, Rennes, PUR, 2016, p. 203-214.

— (dir.), *L'Épuration économique en France à la Libération*, Rennes, PUR, 2008.

BERGÈRE Marc, LE BIHAN Jean (dir.), *Fonctionnaires dans la tourmente. Épurations administratives et transitions politiques à l'époque contemporaine*, Genèce, Goerg, « L'Équinoxe », 2009.

BERGÈRE Marc, « Le poids de l'Occupation sur l'état d'esprit des gendarmes au lendemain de la Libération », in « La gendarmerie, les gendarmes pendant la Seconde Guerre mondiale », *Force publique, Revue de la société nationale histoire et patrimoine de la gendarmerie*, n° 2, 2007, p. 156-170.

— « L'épuration administrative des officiers de gendarmerie à la Libération », in J.-N. Luc (dir.), *Soldats de la loi. La gendarmerie au XX*e, Presses de l'université Paris-Sorbonne, 2010, p. 187-200.

—, *Vichy au Canada. L'exil québécois de collaborateurs français*, Rennes et Montréal, PUR et PUM, 2015.

BERLIÈRE Jean-Marc, « L'épuration de la police parisienne en 1944-1945 », *Vingtième Siècle. Revue d'histoire*, n° 49, 1996, p. 68-81.

BERLIÈRE Jean-Marc, CHABRUN Laurent, *Les Policiers français sous l'Occupation*, Perrin, 2001.

BERLIÈRE Jean-Marc, PESCHANSKI Denis (dir.), *Pouvoirs et polices au XX*e *siècle*, Bruxelles, Complexe, 1997.

— (dir.), *La Police française (1930-1950). Entre bouleversements et permanences*, La Documentation française, 2000.

BERLIÈRE Jean-Marc, LIAIGRE Franck, *Ainsi finissent les salauds. Séquestrations et exécutions clandestines dans Paris libéré*, Robert Laffont, 2012.

BERLIÈRE Jean-Marc, LE GOARANT DE TROMELIN Louis, *Liaisons dangereuses. Miliciens, truands, résistants (Paris, 1944)*, Perrin, 2013.

BROSSAT Alain, *Les Tondues. Un carnaval moche*, Hachette, 1994.

CAMPION Jonas, *Les Gendarmes belges, français et néerlandais à la sortie de la Seconde Guerre mondiale*, Bruxelles, André

Versaille Éditeur, 2011.

CAZALS Claude, *La Gendarmerie et la Libération*, Éditions de la Musse, 2001.

COINTET Jean-Paul, *Sigmaringen. Une France en Allemagne (1944-1945)*, Perrin, 2003.

DULPHY Anne, « Les exilés français en Espagne depuis la Seconde Guerre mondiale : des vaincus de la Libération aux combattants de l'Algérie française, 1944-1970 », *Matériaux pour l'histoire de notre temps*, n° 67, 2002, p. 96-101.

FILLON Catherine, *Le Barreau de Lyon, dans la tourmente. De l'Occupation à la Libération*, Lyon, Aléas, 2003.

FOUILLOUX Étienne, *Les Chrétiens français entre crise et libération (1937-1947)*, Seuil, 1997.

GALIMI Valeria, « Collaborationnisme et épuration judiciaire en Italie et en France », in *Le XX*e *siècle des guerres*, Ivry-sur-Seine, L'Atelier, 2004, p. 374-379.

GARÇON Émile (dir.), *Code pénal annoté*, Sirey, 1952 [t. I, livre III, chap. I, pour le contentieux de l'épuration], p. 244-414.

ISRAËL Liora, *Robes noires, années sombres. Avocats ct magistrats en Résistance pendant la Seconde Guerre mondiale*, Fayard, 2005.

JOLY Laurent (dir.), *La Délation dans la France des années noires*, Perrin, 2012.

KAPLAN Alice, *Intelligence avec l'ennemi. Le procès Brasillach*, Gallimard, 2001.

KUPFERMAN Fred, *Les Procés de Vichy. Pucheu, Pétain. Laval*, Bruxelles, Complexe, 1980.

LAEDERICH Olivia, *Étude juridique des épurations françaises de la Seconde Guerre mondiale (1939-1945)*, thèse de droit, université Paris-II, 1999.

LATREILLE André, *De Gaulle, la Libération et l'Église catholique*, Cerf, 1978.

LEACH Daniel, *Fugitive Ireland. European Minority Nationalists and Irish Political Asylum (1937-2008)*, Dublin, Four Courts,

2009.

LECLERC Françoise, WEINDLING Michèle, « La répression des femmes coupables de collaboration », *Clio. Histoire, femmes et sociétés*, n° 1, 1995, p. 129-150.

PESCHANSKI Denis, *La France des camps. L'internement (1938-1946)*, Gallimard, 2002.

RÉMOND René (dir.), *Touvier et l'Église. Rapport de la commission historique instituée par le cardinal Decourtray*, Fayard, 1992.

RICHARD Gilles, SAINCLIVIER Jacqueline (dir.), *La Recomposition des droites en France à la Libération (1944-1948)*, Rennes, PUR, 2004.

RIGOULOT Pierre, *Les Enfants de l'éputation*, Plon, 1993.

ROUQUET François, *L'Épuration dans l'administration française. Agents de l'État et collaboration ordinaire*, CNRS Éditions, 1993 ; rééd. *Une épuration ordinaire (1944-1949). Petits et grands collaborateurs de l'administration française*, « Biblis », 2011.

—, « L'épuration administrative en France après la Libération : une analyse statistique et géographique », *Vingtième Siècle. Revue d'histoire*, n° 33, 1992, p, 106-117.

—, *« Mon cher collègue et ami ». L'épuration des universitaires (1940-1955)*, Rennes, PUR, 2010.

ROUSSO Henry, *Un château en Allemagne. La France de Pétain en exil, Sigmaringen (1944-1945)*, Ramsay, 1980 ; rééd. *Pétain et la fin de la collaboration (Sigmaringen, 1944-1945)*, Bruxelles, Complexe, 1984 ; rééd. *Un château en Allemagne (Sigmaringen, 1944-1945)*, Fayard, « Pluriel », 2012 [préface inédite].

SAPIRO Gisèle, *La Guerre des écrivains (1940-1953)*, Fayard, 1999.

TEITGEN Pierre-Henri, *Faites entrer le témoin suivatrt (1940-1958). De la Résistance à la Ve République*, Rennes, Ouest-France, 1988.

TODOROV Tzvetan, *Une tragédie française (été 1944). Scènes de guerre civile*, Seuil, 1994.〔ツヴェタン・トドロフ『フランスの悲劇――1944年夏の市民戦争』大谷尚文訳、法政大学出版局、

1998年〕
Simonin Anne, *Le Déshonneur dans la République. Une histoire de l'indignité (1791-1958)*, Grasset, 2008.
Singer Claude, *L'Université libérée, l'Université épurée (1943-1947)*, Les Belles Lettres, 1997.
Van Dongen Luc, *Un purgatoire très discret. La transition helvétique d'anciens nazis, fascistes et collaborateurs après 1945*, Perrin, 2008.
Vergez-Chaignon Bénédicte, *Vichy en prison. Les épurés à Fresnes après la Libération*, Gallimard, 2006.
—, *L'Affaire Touvier. Les révélations des archives*, Flammarion, 2016.
Virgili Fabrice, *La France « virile ». Des femmes tondues à la Libération*, Payot, 2000.
—, *Naître ennemi. Les enfants des couples franco-allemands nés pendant la Seconde Guerre mondiale*, Payot, 2009.
Wieviorka Olivier, *Les Orphelins de la République. Destinées des députés et sénateurs français (1940-1945)*, Seuil, « L'Univers historique », 2001.

地域研究

Augustin Jean-Marie, *Collaborations et épuration dans la Vienne (1940-1948)*, La Crèche, Geste Éditions, 2014.
Barrière Philippe, *Grenoble à la Libération (1944-1945). Opinion publique et imaginaire social*, L'Harmattan, 1995.
Bergère, Marc, *Une société en épuration. Épuration vécue et perçue en Maine-et-Loire de la Libération au début des années 50*, Rennes, PUR, 2004.
Boyfr Patricia, « L'épuration et ses représentations en Languedoc et Roussillon (1944-1945) », *Vingtième Siècle. Revue d'histoire*, 2000, n° 68, p. 17-27. [Article tiré d'une thèse de doctorat soutenue à l'université de Montpellier en 1999 sous le titre *Épuration, politique et société en Languedoc et Roussillon 1945-1953*.]

CAPDEVILA Luc, *Les Bretons au lendemain de l'Occupation. Imaginaire et comportement d'une sortie de guerre (1944-1945)*, Rennes, PUR, 1999.

CARNEY Sebastien, *Breiz Atao ! Mordrel, Delaporte, Lainé, Fouéré. Une mystique nationale (1901-1948)*, Rennes, PUR, 2015.

DUGUET Laurent, *Incarcérer les collaborateurs. Dans les camps de la Libération (1944-1945)*, Vendémiaire, 2015. [Étude de cas de la région de Marseille.]

KOSCIELNIAK Jean-Pierre, *Collaboration et épuration en Lot-et-Garonne 1940-1945*, Nérac, Éditions de l'Albret, 2003.

MALON Claude, *Occupation, épuration, reconstruction. Le monde de l'entreprise au Havre (1940-1950)*, Rouen, PURH, 2013.

MENCHERINI Robert, *La Libération et les entreprises sous gestion ouvrère : Marseille (1944-1948)*, L'Harmattan, 1994.

VONAU Jean-Laurent, *L'Épuration en Alsace*, Strasbourg, Éditions du Rhin, 2005.

歴史と文学

「粛清の子孫」をめぐる証言文学

CALLIL Carmen, *Darquier de Pellepoix ou la France trahie*, Paris, Buchet-Chastel, 2007. [Biographie du père à travers la mémoire de sa fille.]

CARRÈRE Emmanuel, *Un roman russe*, POL, 2007.

CHAIX Marie, *Les Lauriers du lac de Constance*, Seuil, 1974.

FERNANDEZ Dominique, *Ramon*, Grasset, 2008.

JAMET Dominique, *Un petit Parisien (1941-1945)*, Flammarion, 2001 ; *Notre après-guerre. Comment notre père nous a tués (1945-1954)*, Flammarion, 2003.

JARDIN Alexandre, *Des gens très bien*, Grasset, 2010.

JARDIN Pascal, *La Guerre à 9 ans*, Grasset, 1971 ; *Le Nain jaune*, Julliard, 1978.

LARDEAU Suzanne, *Orgueilluese*, Robert Laffont, 2005.

MAXENCE Jean-Luc, *L'Ombre d'un père*, Hallier, 1978.

VITOUX Frédéric, *L'Ami de mon père*, Seuil, 2000.

WRONA Carole, *Corinne Luchaire. Un colibri dans la tourmente*, Grandvilliers, La Tour Verte, 2011.

2000年代初期からの小説における粛清

ASSOULINE Pierre, *Sigmaringen*, Gallimard, 2014.

CROZES Daniel, *Lendemains de Libération*, Arles, Rouergue, 2017.

ESTIENNE-D'ORVES Nicolas d', *Les Fidélités successives*, Albin Michel, 2008 ; *La Gloire des maudits*, Albin Michel, 2017.

DAENINCKX Didier, *Itinéraire d'un salaud ordinaire*, Gallimard, 2006.

FERRIS Gordon, *La Filière écossaise*, Seuil, 2017.

GOBY Valentine, *L'Échappée*, Gallimard, 2007.

GUEZ, Olivier., *La Disparition de Josef Mengele*, Grasset, 2017.〔オリヴィエ・ゲーズ『ヨーゼフ・メンゲレの逃亡』高橋啓訳、東京創元社、2018年〕

JAENADA Philippe, *La Petite Femelle*, Julliard, 2015.

JAMET Dominique, *Un traître*, Flammarion, 2008.

JUHEL Fabienne, *La Chaise numéro 14*, Arles, Rouergue, 2015.

KERR Philip, *Une douce flamme*, LGF, « Le Livre de Poche », 2012〔フィリップ・カー『静かなる炎』柳沢伸洋訳、PHP文芸文庫、2014年〕; *Les Pièges de l'exil*, Seuil, 2017.

MARPEAU Elsa, *Et ils oublieront la colère*, Gallimard, 2015.

NEVILLE Stuart, *Ratlines*, trad. F. Duvigneau, Rivages, 2015.

LE CORRE Hervé, *Après la guerre*, Rivages, 2014.

LORRAIN François-Guillaume, *L'Homme de Lyon*, Grasset, 2011.

SEIGLE Jean-Luc, *Je vous écris dans le noir*, Flammarion, 2015.

文庫クセジュ　Q 1032

コラボ＝対独協力者の粛清

2019年11月 1 日　印刷
2019年11月20日　発行
著　者　マルク・ベルジェール
訳　者 ⓒ 宇京賴三
発行者　及川直志
印刷・製本　株式会社平河工業社
発行所　株式会社白水社
東京都千代田区神田小川町 3 の 24
電話　営業部 03（3291）7811／編集部 03（3291）7821
振替 00190-5-33228
郵便番号 101-0052
www.hakusuisha.co.jp

乱丁・落丁本は，送料小社負担にてお取り替えいたします．

ISBN978-4-560-51032-2

Printed in Japan

文庫クセジュ

歴史・地理・民族（俗）学

文庫クセジュ

938 チベット
942 アクシオン・フランセーズ
943 大聖堂
945 ハドリアヌス帝
948 ディオクレティアヌスと四帝統治
951 ナポレオン三世
959 ガリレオ
962 100の地点でわかる地政学
964 100語でわかる中国
967 コンスタンティヌス
974 ローマ帝国
979 イタリアの統一
981 古代末期
982 ショアーの歴史
986 ローマ共和政
988 100語でわかる西欧中世
993 ペリクレスの世紀
995 第五共和制
1001 第一次世界大戦
1004 クレタ島
1005 古代ローマの女性たち
1007 文明の交差路としての地中海世界
1010 近東の地政学
1014 『百科全書』
1028 ヨーロッパとゲルマン部族国家

文庫クセジュ

社会科学

357 売春の社会学
396 性関係の歴史
483 社会学の方法
616 中国人の生活
654 女性の権利
693 国際人道法
717 第三世界
740 フェミニズムの世界史
744 社会学の言語
746 労働法
786 ジャーナリストの倫理
787 象徴系の政治学
824 トクヴィル
845 ヨーロッパの超特急
847 エスニシティの社会学
887 NGOと人道支援活動
888 世界遺産
893 インターポール
894 フーリガンの社会学
899 拡大ヨーロッパ
917 教育の歴史
919 世界最大デジタル映像アーカイブ INA
926 テロリズム
936 フランスにおける脱宗教性《ライシテ》の歴史
940 大学の歴史
946 医療制度改革
957 DNAと犯罪捜査
994 世界のなかのライシテ
1010 モラル・ハラスメント
1025 100語ではじめる社会学